Bis dein *Prinz* kommt

So wird deine Zeit als Single dir
und anderen zum Segen

Jackie Kendall
& Debby Jones

ADULLAM

Originally published in English by
Destiny Image Publishers, Inc.
P.O. Box 310, Shippensburg, PA 17257-0310
U.S.A.
under the title
***Lady in Waiting* by Jackie Kendall & Debby Jones**

Adullam Verlag
St.-Ulrich-Platz 8
85630 Grasbrunn
089 468801
Fax 089 46201790
www.adullam.de

ISBN 978-3-931484-85-9

1. Auflage, Oktober 2010

Bestellungen bitte an oben stehende Adresse richten.

Alle Bibelzitate wurden, wenn nicht anderweitig gekennzeichnet, der Revidierten Elberfelder Bibel, R. Brockhaus Verlag, Wuppertal, © 1985/1991/2006, entnommen. Hervorhebungen durch den Autor.

Übersetzung: Birgit Schwab
Umschlag: Anne Dittrich, Druckerei Mißbach
Satz und Umbruch: Adullam Verlag
Druck: Schönbach Druck, Erzhausen
Lektorat: Joshua Werling, www.wortschoepfung.info
Korrektorat: Barbara Doering, Das gute Wort

Widmung

Wir widmen dieses Buch allen Frauen, die auf ihren Prinzen warten und danach streben, Frauen nach dem Herzen Gottes zu werden, besonders unseren Töchtern Jessica, Christen und Lauren.

Kommentare

Ich habe bereits einige Ausgaben dieses Buches bestellt und sie an Pastoren, Jugendleiter, alleinstehende Frauen, alleinerziehende Mütter, verheiratete Frauen, Schülerinnen, Studentinnen, berufstätige Frauen, Missionarinnen und Missionarskinder in vielen Teilen der Welt verschickt.

Rebecca Whisnant
Leiterin einer Bibelstudiengruppe für alleinstehende Frauen

Bis dein Prinz kommt ist eines der wirkungsvollsten Werkzeuge, die ich je eingesetzt habe, um alleinstehende junge Frauen in Jüngerschaft zu unterweisen. Es hat sich auch als großer Segen in meinem eigenen Leben erwiesen. Ich habe vor, *Bis dein Prinz kommt* auch zukünftig noch viele Jahre in meinem Dienst einzusetzen.

Brenda Rich
Frauendekanat
Columbia International University

In der heutigen Literatur liegt die Betonung allzu oft eher auf dem Vertrauen in die eigene Person anstatt auf dem Vertrauen in unseren Erlöser. *Bis dein Prinz kommt* geht über populärwissenschaftliche Psychologie hinaus und hält sich an das unverrückbare Fundament von Gottes Wort. Dieses Buch verbindet auf kreative Weise biblische Wahrheiten mit einer ehrlichen Bestandsaufnahme der Kämpfe, mit denen sich eine alleinstehende Frau in der heutigen Welt konfrontiert sieht. Es wird die Bibliothek jeder Frau bereichern!

Tara D. McClary
Frühere Koordinatorin für Frauen im Beruf
Dienst für alleinstehende Frauen
Briarwood Presbyterian Church (PCA)
Birmingham, Alabama, USA

Nach 22 Ehejahren hat mir *Bis dein Prinz kommt* ein Gefühl der Sicherheit in Christus gegeben, das ich nie zuvor erlebt hatte. Dieses

Buch hat mir geholfen, zu erkennen, dass weder mein irdischer Vater, noch mein Ehemann noch irgendjemand sonst mir Sicherheit geben kann – nur Gott kann das. Das ist Wahrheit, die befreit – nicht nur mich, sondern auch meinen Mann! Heute ist meine Ehe besser denn je, weil ich nicht mehr diese unrealistischen Erwartungen habe!

Jimmie Davis
Koordinatorin für den Gehörlosendienst
First Baptist Church in Atlanta, USA

Als ich als nach Kiew in der Ukraine gesandt wurde, um Missionarskinder zu unterrichten, war *Bis dein Prinz kommt* eines der wenigen Bücher, die ich mitnehmen konnte. Dieses Buch ist mir eine „Schatzkarte", die mir hilft, einen Boas zu erkennen, sollte er jemals in mein Leben treten.

Becky DeWitt
Auslandsmissionarin/SBC

In meiner Arbeit am Institut für Pädagogik an der Universität habe ich jede Woche mindestens einmal die Gelegenheit, mit Frauen über ihre Beziehungen zu sprechen. Dabei habe ich *Bis dein Prinz kommt* oft empfohlen.

Dottie Myatt
Institut für Pädagogik
Union University

Inhalt

Vorwort ... 9

1 Eine Frau, die sich rückhaltlos hingibt ... 11

2 Eine eifrige Frau ... 25

3 Eine Frau voller Glauben ... 41

4 Eine tugendhafte Frau ... 57

5 Eine hingegebene Frau ... 73

6 Eine reine Frau ... 87

7 Eine sichere Frau ... 107

8 Eine zufriedene Frau ... 123

9 Eine vom Richtigen überzeugte Frau ... 143

10 Eine geduldige Frau ... 163

Vorwort

Ist dieses Buch ein überflüssiges weiteres in der Reihe der Bücher für Singles? Nein! Wir halten dieses Buch für einzigartig, weil es darin nicht in erster Linie um den Familienstand der Frau (ledig, verheiratet, geschieden oder verwitwet) geht, sondern um den Zustand ihres Herzens. Wir möchten die Aufmerksamkeit auf den einen lenken, der die Sehnsucht unseres Herzens wirklich versteht. Zu viele Frauen wachsen mit der Vorstellung auf, dass der unheilbare Schmerz in ihrem Herzen von ihrem Verlangen nach einem Mann herrührt. Sie denken, dass das einzige Drehbuch, das ihre tiefste Sehnsucht zu stillen vermag, sich darum dreht, sich in einen Mann zu verlieben, ihn zu heiraten und mit ihm Kinder zu bekommen. Doch weder Mann, Frau noch Kind können diese Sehnsucht befriedigen. Das kann nur durch den vollkommenen Bräutigam, Jesus Christus, geschehen. Dieses Buch drängt Frauen, sich Gott zu nahen, und verleugnet dabei nicht ihre Sehnsucht, von einem Mann geliebt und wertgeschätzt zu werden.

In *Bis dein Prinz kommt* geht es nicht darum, den richtigen Mann zu finden, sondern darum, die richtige Frau zu sein. Daher konzentriert sich dieses Buch auf die zehn Eigenschaften der gottesfürchtigen Frau, die im Buch Rut zu finden sind. Diese Eigenschaften werden dir nicht nur zu einer innigeren Liebesbeziehung mit deinem himmlischen Bräutigam verhelfen, sie werden dich auch leiten, wenn du dich mit einem Mann verabredest. Sie werden dich in deiner Ehe unterstützen und dich trösten, wenn dein Mann stirbt oder du geschieden werden solltest. Wenn du das Buch Rut liest, kannst du diese Eigenschaften deutlich in ihrem Leben erkennen. Rut liefert ihr Leben rückhaltlos der Herrschaft Christi aus, nutzt ihre Zeit als ledige Frau mit Bedacht, vertraut Gott mit unerschütterlichem Glauben und verhält sich im Alltag tugendhaft. Sie liebt Gott mit unbeirrbarer Hingabe, steht ein für körperliche und emotionale Reinheit, lebt in Sicherheit, ist zufrieden mit ihren Lebensumständen, trifft ihre Entscheidungen aufgrund ihrer Überzeugungen und wartet geduldig darauf, dass Gott ihr gibt, was sie braucht.

Bis dein Prinz kommt

Worauf wartest *du?* Auf die perfekte Arbeitsstelle, die ideale Beziehung, ein Haus oder eine Wohnung, den Aufstieg auf der Karriereleiter, ein Kind? Was, wenn du bekommst, worauf du wartest? Wird es dir tatsächlich die vollkommene Freude bringen, nach der du dich sehnst? Wie gut die Sache auch aussehen mag – das Einzige, das dich nicht entmutigt und desillusioniert zurücklassen wird, ist die Liebesbeziehung mit dem Herrn Jesus Christus. Wir laden dich ein, das Leben der Rut zu entdecken und zu lernen, was es wirklich bedeutet, eine gottesfürchtige Frau zu sein, bis dein Prinz kommt.

1

Eine Frau, die sich rückhaltlos hingibt

Der große Tag ist vorüber. Deine Zimmerkameradin hat einen wunderbaren jungen Mann geheiratet und du warst Brautjungfer. Du hast dich mit deiner Kameradin gefreut, doch nun versuchst du, dich aus dem Würgegriff des Neides zu befreien. Während das glückliche Paar sich auf die perfekte Hochzeitsreise begibt, sitzt du alleine in einer leeren Wohnung und ertränkst deinen Neid und dein Selbstmitleid in einer Zweiliterbox Eiscreme.

Kommt dir dieses Szenario bekannt vor?

Bist du davon ausgegangen, dass du deine Erfüllung in der Ehe finden würdest? Hast du insgeheim den Gedanken gehegt, dass nur verheiratete Frauen zufriedene Frauen sein können? Hast du immer geglaubt, dass deine Karriere dich erfüllen wird –, und zwar bis zu deinem Hochzeitstag? Solltest du eine dieser Fragen mit Ja beantwortet haben, kannst du damit rechnen, in der Zukunft enttäuscht zu werden. Auf dem Rückumschlag des Buches *Learning to be a woman* (Lernen, eine Frau zu sein) ist ein Zitat zu lesen, das uns den Schlüssel zu unserer Erfüllung als Frau zeigt: „Eine Frau wird nicht als Frau geboren. Sie wird auch nicht dadurch zur Frau, dass sie einen Mann heiratet, ein Kind zur Welt bringt und sich um die Wäsche kümmert. Sie wird nicht einmal dadurch zur Frau, dass sie sich einer Frauenbewegung anschließt. Eine Frau wird dann zur Frau, wenn sie wird, was Gott für sie geplant hat."[1] Diese kostbare Wahrheit kann dir helfen, in Bezug auf die wahre Erfüllung in deinem Leben einen klaren Blick zu bewahren. Zu viele christliche Frauen denken, dass sie sich im Grunde ihres Herzens nach Liebe, Ehe und Mutterschaft sehnen. Wirf einen genaueren Blick darauf und prüfe, ob diese Sehnsucht nicht letztlich auf Jesus ausgerichtet ist. Wie Gary Chapman einmal bemerkte: „Ich habe sehr stark den Eindruck, dass die Ehe keine höhere Berufung darstellt als das Ledigsein. Ob verheiratet oder ledig – wahrhaft glücklich sind die Menschen, die entdeckt haben, das sich das Glück nicht in der Ehe findet, sondern in der richtigen Beziehung zu Gott." Für eine christliche Frau beginnt die Erfüllung mit der Herrschaft Christi in jedem Bereich ihres Lebens.

Eine Hochschulprofessorin (Ehefrau und Mutter von sieben Kindern, Sängerin und Autorin) erzählte einer Gruppe junger Frauen, dass ihre Mutter ihr im Alter von acht Jahren ein Geheimnis anvertraut habe, das seither ihre Lebenseinstellung bestimme. Die wichtigste Botschaft, die sie je von ihrer Mutter gehört hatte, war: „Niemand, nicht einmal der Mann, den du eines Tages heiraten wirst, wird dich glücklich machen können. Das kann nur Jesus!" Welch tiefgründige Aussage für ein so kleines Mädchen. Dieses Geheimnis war der Grund dafür, dass sie sich, als sie älter wurde, Jesus rückhaltlos hingeben konnte.

Bist du immer noch davon überzeugt, dass „der Richtige" an deiner Seite deine trüben Gedanken vertreiben wird? Das ist nicht überraschend. Auf der Titelseite einer amerikanischen Zeitschrift war die Überschrift des Leitartikels: „Hollywoods heißester Newcomer verkauft mehr Platten als Madonna und sammelt Filmangebote. Was jetzt noch fehlt, ist der richtige Mann an ihrer Seite." Mit solchen Gedanken werden Singles tagtäglich bombardiert. Wie kannst du deinen Sinn erneuern und dich von solch eingefahrenen Denkmustern befreien? Wenn du das „Geheimnis des Alabasterfläschchens" verstehst, kann dich das zu einer außergewöhnlichen Frau werden lassen.

Das Geheimnis des Alabasterfläschchens

Wenn zur Zeit Jesu ein junges Mädchen ins heiratsfähige Alter kam, kaufte ihre Familie gewöhnlich ein Alabasterfläschchen für sie und füllte es mit kostbarem Salböl. An der Größe des Fläschchens und dem Wert des Salböls konnte man sehen, wie wohlhabend die Familie war. Dieses Alabasterfläschchen war üblicherweise ein Teil der Mitgift. Wenn nun ein junger Mann kam und um die Hand des Mädchens anhielt, reagierte sie darauf, indem sie das Alabasterfläschchen nahm und zu seinen Füßen zerbrach. Mit dieser Geste des Salbens seiner Füße erwies sie ihm Ehre.

Als Jesus eines Tages im Haus Simons, des Aussätzigen, aß, kam eine Frau herein, zerbrach ein Alabasterfläschchen und goss das kostbare Salböl auf Jesu Haupt (siehe Mk. 14, 3–9). Die Schriftstelle in Lukas 7, die auf dieses Ereignis Bezug nimmt, beschreibt die Frau als „eine Frau in der Stadt, die eine Sünderin war“ (Lk. 7, 37). Diese Frau befand Jesus eines solchen Opfers und einer solchen Ehre für würdig. Jesus erinnert in Matthäus 26, 13 an ihre Geste. Diese Geste war so bedeutungsvoll, weil die Frau nicht nur Jesus für sein Begräbnis salbte, sondern alles, was sie an Kostbarem besaß, einem himmlischen Bräutigam gab. Ja, sie war eine Sünderin (wer wäre nach Römer 3, 23 nicht als Sünder zu bezeichnen?), aber diese Sünderin hatte Träume und war so weise, ihr Alabasterfläschchen vor dem Einzigen zu zerbrechen, der die Träume einer Frau wahr werden lassen kann.

Was befindet sich in deinem Alabasterfläschchen? Ist dein Fläschchen voller Fantasien, die du als kleines Mädchen hattest, als du Märchen zu hören und zu sehen bekamst, die von einem zauberhaften Paar handelten, das bis an sein Lebensende glücklich zusammenlebte? Hast du dein Alabasterfläschchen mitsamt deinen Träumen ganz fest in deinen Händen gehalten und verzweifelt nach einem Mann gesucht, der es wert war, dass du es für ihn zerbrachst? Bringe dein Alabasterfläschchen zu Jesus und zerbrich es vor ihm, denn er ist solcher Ehre würdig. Wenn du so auf deinen himmlischen Bräutigam reagierst, kannst du voller Zuversicht darauf warten, dass er dir deinen irdischen Bräutigam bringen wird, wenn es Gottes Wille ist.

Wie kannst du wissen, ob du dein Alabasterfläschchen zu Jesu Füßen zerbrochen hast? Eine solche Entscheidung wird sich in der rückhaltlosen Hingabe an die Herrschaft Jesu Christi widerspiegeln. Wenn der Herr dir etwas Schwieriges zuteilt, wie zum Beispiel einen weiteren Monat ohne eine einzige Verabredung, dann akzeptierst du das ohne Groll. Deine Einstellung wird die Antwort Marias widerspiegeln, die sie dem Engel gab, als sie als ledige Frau eine sehr schwierige Aufgabe zugeteilt bekam. Maria sagte: „Ich will mich Gott ganz zur Verfügung stellen … Alles soll so geschehen, wie du es mir gesagt hast“ (Lk. 1, 38; *Hfa).* Nimm dein Alabasterfläschchen mit deinem Körper, deiner Seele und deinen Träumen und vertraue sie Jesus an. Wenn er dein Herr ist, kannst du voller Freude auf dem Lebensweg gehen, den er für dich hat.

Ruts rückhaltlose Hingabe

Im Buch Rut geht es um eine junge Witwe, die eine schwerwiegende Entscheidung traf: Sie wandte ihrem Volk, ihrem Land und ihren Göttern den Rücken zu, weil ihre durstige Seele den Gott Israels geschmeckt hatte. Dieser „Vorgeschmack“ war für sie genug, um sich dem einen wahren Gott rückhaltlos hinzugeben. Bereitwillig zerbrach sie ihr Alabasterfläschchen und folgte dem Herrn, wohin er sie führen mochte.

> *Aber Rut sagte: Dringe nicht in mich, dich zu verlassen, von dir weg umzukehren! Denn wohin du gehst, dahin will auch ich gehen, und wo du bleibst, da bleibe auch ich. Dein Volk ist mein Volk, und dein Gott ist mein Gott.*
> Rut 1, 16

Betrachte einmal die folgenden drei Bereiche in Ruts Leben, die von ihrer rückhaltlosen Hingabe an Gott betroffen waren, und vergleiche sie mit dem, was dich deine Hingabe an Gott gekostet hat. Hast du das kostbare Alabasterfläschchen bereits zerbrochen?

Neue Freunde

Als Rut zu Noomi sagte: „Dein Volk ist mein Volk“, war ihr dabei klar, dass sie dem Gott Israels nicht näherkommen konnte, wenn sie bei den Moabitern (ihrem eigenen Volk) blieb. Ironischerweise nannte Gott Moab sein „Waschbecken“ (siehe Ps. 60, 10 und 108, 10). Man benutzt ein Waschbecken, um Dreck abzuwaschen. Rut beschloss, das „Waschbecken" zu verlassen und sich nach Bethlehem aufzumachen (das heißt „Haus des Brotes"[2]).

Auch heute noch gibt es „Moabiter", die dein Wachstum behindern werden, wenn du zu viel Zeit mit ihnen verbringst. Durchschnittschristen werden sich manchmal am Eifer und an der Begeisterung einer hingegebenen ledigen Frau stoßen. Wenn dir bewusst wird, dass dich deine Freunde entweder zu Gott oder von ihm weg bringen, kann es sein, dass du dir ein „neues Volk" suchen musst, das dein Wachstum unterstützt und nicht behindert. „Wer mit Weisen umgeht, wird weise; aber wer sich mit Toren einlässt, dem wird es schlecht gehen" (Spr. 13, 20).

Die Entscheidung, sich in größerem Maße Gott hinzugeben, führt oft zu Ablehnung vonseiten der Menschen, die früher „gute Freunde" waren. Mach dir keine Sorgen; du bist in guter Gesellschaft. Als die Frau das Alabasterfläschchen zerbrach und dessen Inhalt auf Jesus goss, da zollten die Jünger ihrem Akt der Anbetung keinen Beifall. Stattdessen erwiderten sie empört: „Wozu diese Verschwendung?" (Mt. 26, 8). Sie reagierten so ablehnend, weil diese Frau, menschlich betrachtet, das Salböl ganz offensichtlich verschwendet hatte. Wenn man das Ganze aber aus der himmlischen Perspektive betrachtet, kann man sehen, dass in der „großen Wolke von Zeugen" Freude herrschte, als sie die Frau beobachteten, die Jesus mit solcher Ehre bedachte. Das zerbrochene Alabasterfläschchen machte die leichtherzige Hingabe dieser Frau für jedermann sichtbar. Ist eine solche Hingabe auch in deinem Alltagsleben für jeden zu sehen?

Das soll nicht heißen, dass du dich von allen distanzierst, die ihr Alabasterfläschchen nicht zu Jesu Füßen zerbrochen haben. Es soll dich nur darauf hinweisen, dass deine Freunde einen sehr großen Einfluss auf deine Hingabe an die Herrschaft Jesu Christi haben. Sei vorsichtig, wenn du den Großteil deiner Freizeit mit einer Freundin verbringst, die deine Hingabe an Jesus nicht teilt. Das kann deiner Beziehung mit dem Herrn schaden. Wenn dich ein Nichtchrist oder ein lauer Christ beeinflusst, anstatt dass du ihn beeinflusst, kannst du in ernsthafte Schwierigkeiten geraten. Du spiegelst die Menschen wider, die dich beeinflussen. Wenn eine

Frau aufhört, geistlich zu wachsen, kann der Grund dafür oft in einer Freundschaft gefunden werden, die ihre Hingabe an Jesus untergraben hat.

Nimm dir einen Moment Zeit und denke über die geistliche Tiefe der Freundin nach, die dich am meisten beeinflusst. Lässt sie sich jeden Tag in das umformen, was Jesus für sie vorgesehen hat? Wenn ja, dann wird ihr Wachstum dich herausfordern, selbst zu wachsen. Andererseits kann auch ihre Gleichgültigkeit letztlich ansteckend wirken. „Irrt euch nicht: Schlechter Umgang verdirbt gute Sitten" (1. Kor. 15, 33). Gibt es in deinem Leben Freundschaften, die dein geistliches Leben tiefgekühlt haben?

Vielleicht musst du dich wie Rut von denen distanzieren, die geistlich gesprochen mehr einem Waschbecken als einem Brothaus gleichen. Die Freundinnen, die dich am meisten beeinflussen, sollten Frauen sein, die nach Hebräer 10, 24 leben: „Und lasst uns aufeinander Acht haben, um uns zur Liebe und zu guten Werken anzureizen." Deine besten Freunde sollten dir applaudieren, wenn du Jesus ganz hingegeben bist.

Eine neue Umgebung

Rut musste wegziehen, um geistliche Nahrung zu bekommen. In ähnlicher Weise kann es alleinstehende Frauen geben, die „wegziehen" müssen, weil einige ihrer früheren Beziehungen sie permanent in geistlicher Unterernährung verharren lassen. Sie werden ihren Arbeitsplatz oder sogar die Gemeinde wechseln müssen, um weiter wachsen zu können. So solltest du auch offen für jede Veränderung sein, die dein geistliches Wachstum fördern kann. Halte wie Rut nach etwas Ausschau, das dich weiter im Herrn wachsen lässt.

Eine junge Frau musste sich beispielsweise zwischen der Teilnahme an einem Volleyball-Meisterschaftsspiel oder einer Jüngerschaftsgruppe entscheiden. Sie wusste, dass sie die Freiheit hatte, Volleyball zu spielen, wenn sie das wollte. Aber als sie die beiden Möglichkeiten verglich, zeigte ihr der Herr, dass das Gute im Leben oft zum Feind des Besten wird. Weil sie der Führung des Herrn rückhaltlos folgte, war es ihr wichtiger, ihre Hingabe dem Herrn gegenüber zu fördern, als Volleyball zu spielen – und es zahlte sich aus. Das Jüngerschaftstraining bereitete ihr Herz vor, sodass sie einer Einladung zu einem Kurzmissionseinsatz auf den Philippinen folgte. Eine andere junge Frau mag vielleicht berufen sein, in einem Volleyballteam zu dienen, statt an einem Jüngerschaftstraining teilzunehmen. Der Schlüssel ist, der Führung des Herrn zu folgen.

Rut zog fort aus einer Gesellschaft, die auf diesseitiges Vergnügen ausgerichtet war, und in eine Kultur, die darum bemüht war, dem allmächtigen Schöpfer des Universums zu gefallen, nicht den sinnlichen Fleischesgötzen. In der fortschrittlichen Gesellschaft unseres 21. Jahrhunderts trifft man oft auf Frauen, die sich in selbstzentrierten Single-Clubs, durch Single-Partnerbörsen, auf Single-Reisen und durch Single-Adresstauschbörsen zusammenfinden. All diese Einrichtungen dienen nur einem Zweck: Singles beschäftigt zu halten, während sie auf ihren Partner warten. Eine alleinstehende hingegebene Christin muss sensibel auf die Herausforderungen reagieren, die ihr unweigerlich begegnen werden, wenn sie versucht, selbstlos in einer Gesellschaft zu leben, die sich nur um sich selbst dreht.

Eine alleinstehende Christin wurde beispielsweise angegriffen – nicht von Ungläubigen, sondern von Christen –, weil sie beschlossen hatte, den Sommer auf einer Bibelschule zu verbringen statt in der Sonne mit ihren Freunden. Sie warfen ihr allen Ernstes vor, sie hielte sich wohl für besser als die anderen, weil sie geplant hatte, acht Wochen lang intensiv die Bibel zu studieren. Leider ist so viel von der selbstzentrierten Kultur des Westens in die Gemeinde eingedrungen, dass sich eine junge Frau manchmal nicht nur gegen die westliche Kultur, sondern sogar gegen die unterschwellige verweltlichte christliche Subkultur entscheiden muss, die den Leib Christi verschmutzt.

Wenn du dich Jesus rückhaltlos hingeben willst, musst du erkennen, wie sehr unsere Kultur unsere Verhaltensmuster beeinflusst hat. Du möchtest Jesus ähnlich sein, doch dein Lebensstil spiegelt eher die Inhalte der *Vogue* oder des *Cosmopolitan* wider, als die neue

Schöpfung in Christus. A. W. Tozer sagte: „Es ist eine völlig neue Generation von Christen nachgekommen, die glauben, dass es möglich sei, Christus ‚anzunehmen', ohne der Welt abzusagen."[3] Rut musste sich von ihrem gewohnten Umfeld und den ihr bekannten Annehmlichkeiten trennen, damit sie Gottes Bestes für ihr Leben empfangen konnte.

Neuer Glaube

Rut kehrte einer falschen Religion den Rücken und betrat die einzig wahre und ewige Beziehung zu Gott. Zu viele Frauen haben sich mit einer äußerlichen Form religiöser Anbetung beschäftigt, aber niemals eine lebendige, wachsende Beziehung mit Jesus erfahren. Deckt sich deine religiöse Erfahrung mit der, die in Jesaja 29, 13 *(GN)* beschrieben ist? „Ihr ganzer Gottesdienst ist sinnlos, denn er besteht nur in der Befolgung von Vorschriften, die Menschen sich ausgedacht haben." Ist dein Glaube inzwischen eher ein lebloses Ritual, als eine lebendige Liebesbeziehung mit Jesus Christus?

Eine alleinstehende Frau beschrieb diese lebendige Beziehung mit Jesus folgendermaßen: „Ich sehnte mich nach einer aufregenden Beziehung mit Jesus. Ich wollte herausfinden, was ihm gefiel, und es dann tun. Und ich wollte das mit so viel Einsatz tun, wie ich es für einen festen Freund getan hätte. Jetzt verliebe ich mich jeden Tag ganz neu in Jesus." Weißt du besser, wie man einem Freund gefällt, als wie man Jesus gefällt?

Dividenden für einen hohen Einsatz

Es kostete Rut sehr viel, diese Entscheidung zu treffen, aber was sie für ihren hohen Einsatz zurückerhielt, war viel mehr, als sie investiert hatte. In Matthäus 19, 29 heißt es: „Und ein jeder, der Häuser oder Brüder oder Schwestern oder Vater oder Mutter oder Kinder oder Äcker um meines Namens willen verlassen hat, wird hundertfach empfangen und ewiges Leben erben." Rut entschloss sich, allem, was ihr vertraut war, den Rücken zu kehren, und Gott belohnte ihre gewichtige Entscheidung.

Ein weiterer wichtiger Aspekt ihrer Entscheidung war der historische Zeitabschnitt, in dem sich Israel damals befand. Es war die Zeit der Richter, in der das Motto lautete: „Tu, was du für richtig hältst.“ „Jeder tat, was recht war in seinen Augen“ (Ri. 21, 25). Rut beschloss nicht nur, aus dem Kreis ihrer Familie auszubrechen, sondern auch, den Lebensstil in Frage zu stellen, den viele in Israel angenommen hatten. Sie wollte, dass Gottes Wille geschehe, nicht ihr Wille, seine kunstvoll gezeichneten Pläne, nicht ihr einfaches Gekritzel sollten Erfüllung finden, Gottes Auftrag, nicht ihre törichten Vorhaben.

Immer wenn eine unverheiratete Christin beschließt, sich wie Rut ganz Jesus hinzugeben, wird sie merken, dass sie mit der Gesellschaft – und manchmal sogar ihren Freunden – aus dem Takt kommt. Heute braucht eine alleinstehende Christin die Kühnheit, die westliche Lebensart in Frage zu stellen und mit deren Gewohnheiten zu brechen. Diese Lebensart erhebt die Beziehung zu einem Mann zur Antwort auf alle Lebensfragen. Sie verzerrt die Realität der endgültigen Antwort, die in einer innigen Beziehung zu Jesus zu finden ist. Eine moderne Rut schrieb: „Ich erlebe eine tiefe Befriedigung in meiner Hingabe an Jesus, aber auch viel Herausforderung durch andere Christen. Sie behandeln mich, als wäre ich ein Überbleibsel aus der Steinzeit, das einfach nicht in die Welt der Frau von heute passt.“

Das fehlende Puzzleteil

Oft wird eine Frau versuchen, ihr Glück im Beruf zu finden, wenn „der Richtige“ einfach nicht auftauchen will. Früher oder später wird sich aber auch die großartigste Karriere als nicht völlig zufriedenstellend erweisen. Beruflicher Erfolg, Ehe und sogar Mutterschaft werden es nicht schaffen, dich wirklich glücklich zu machen. Gott weiß, dass du erst dann Erfüllung findest, wenn du verstanden hast, dass dir in Jesus vollständige Erfüllung geschenkt wurde. In Kolosser 2, 9–10 heißt es: „Denn in ihm wohnt die ganze Fülle der Gottheit leibhaftig; und ihr seid in ihm zur Fülle gebracht. Er ist das Haupt jeder Gewalt und jeder Macht.“ Wenn eine alleinstehende Frau sich auf eine Karriere oder eine Ehe einlässt, ohne zu verstehen, dass sie in Christus völlige Erfüllung findet, wird sie desillusioniert und unzufrieden werden.

Einen Mangel an Erfüllung erlebt man nicht deshalb, weil man ledig ist, sondern weil man nicht von Jesus erfüllt ist. Erst durch den Prozess der rückhaltlosen Hingabe an Jesus kann eine Frau endgültig verstehen, dass sie in ihm vollständige Erfüllung findet. Wenn zwei unvollständige Einzelpersonen heiraten, wird ihre Einheit sie nicht vervollständigen. Ihre Ehe wird so aussehen, dass zwei unvollständige Menschen versuchen, die Erfüllung in ihrem Gegenüber zu finden. Erst wenn sie verstehen, dass die Erfüllung in ihrer Beziehung zu Jesus zu finden ist, werden sie beginnen, sich zu *ergänzen.* Sie werden sich niemals gegenseitig *erfüllen* können. Du wurdest nicht geschaffen, um einen anderen Menschen zu erfüllen, sondern um ihn zu *ergänzen.* Es ist Jesu Verantwortung, uns zu erfüllen. Das Vorrecht der Frau ist es, ihren Mann zu ergänzen. Eine Frau, die ihre Erfüllung in Jesus nicht gefunden hat, wird ihrem Mann das Leben schwer machen. Eine solche Frau wird erwarten, dass ihr Mann das Loch füllt, das nur Jesus füllen kann. Nur eine Frau, die versteht, was es bedeutet, in Jesus Erfüllung zu finden, ist reif genug, eine Helferin (Ergänzung) zu sein. „Denn in ihm wohnt die ganze Fülle der Gottheit leibhaftig, und ihr besitzt die ganze Fülle in ihm" (Kol. 2, 9–10; *Menge).* Fühlst du dich erfüllt? Bitte den Herrn doch jetzt, deinem Herzen immer mehr die Realität dieser Fülle zu offenbaren, die du in ihm besitzt. „Aber das ist meine Freude, dass ich mich zu Gott halte" (Ps. 73, 28; *Luther).*

In ihrem Buch „Loneliness" (Einsamkeit) stellt Elisabeth Elliot fest: „Die Ehe lehrt uns, dass selbst die innigste menschliche Gemeinschaft die tiefsten Stellen unseres Herzens nicht erfüllen kann. Unsere Herzen sind einsam, bis sie in Gott zur Ruhe kommen."[4] Elisabeth Elliot ist zum dritten Mal verheiratet (zweimal verwitwet) und weiß aus eigener Erfahrung, dass die Ehe uns nicht erfüllen kann. Nur Jesus kann das.

Erfüllt von einem himmlischen Verlobten

Spiegelt deine Beziehung zu Jesus rückhaltlose Hingabe an ihn wider oder doch nur eine Alibipolitik – deine oberflächlichen Bemühungen, Jesus nachzufolgen? Gibst du dich damit zufrieden, Jesus das zu geben, was dich selbst nichts gekostet hat? Kommen die Menschen in deiner Umgebung aufgrund deines Einflusses auf den Gedanken, ihr Leben Jesus so hinzugeben, dass es verändert wird? Im Hohelied der Liebe war Sulamith ihrem Geliebten so hingegeben, dass auch andere Frauen ihn kennen lernen wollten. Sie wollten unbedingt mit ihr gehen, um nach ihm zu suchen. „Wohin ist dein Geliebter gegangen, du Schönste unter den Frauen? Wohin hat dein Geliebter sich gewandt, dass wir ihn mit dir suchen?" (Hl. 6, 1). Wer war dieser Mann, den sie ihrer rückhaltlosen Hingabe für wert erachtete? Lässt deine Hingabe an Jesus in den Menschen in deiner Umgebung die Frage aufkommen, ob Jesus wirklich der Herr ihres Lebens ist? Oder lässt deine oberflächliche Scheinbeziehung dich und andere durstig zurück?

Eines Tages erhielt Jackie Besuch von einer ihrer alleinstehenden Freundinnen. Sie strahlte und grinste von einem Ohr zum anderen. Über die Ursache befragt, antwortete sie: „Ich bin in den Flitterwochen mit Jesus." Diese Frau hatte eine schlimme Scheidung hinter sich (bei der sie das Sorgerecht für ihre Kinder verlor) und war in diesem hoffnungslosen Zustand dem Einen begegnet, der ewige Hoffnung geben kann. Als sie begonnen hatte, sich rückhaltlos der Aufgabe zu widmen, Jesus als Herrn kennen zu lernen, begann er, die Leere in ihrem Herzen zu füllen, die durch den Verlust ihres Ehemannes und ihrer Kinder entstanden war. In Christus fand sie Trost, Heilung, Wegweisung und Sinn für ihr Leben. Kannst du eine solche Beziehung mit Christus nachvollziehen? Sie kommt nicht beiläufig, doch das Ergebnis einer solchen Hingabe ist den hohen Preis wert – ganz besonders in der heutigen Zeit. Du entscheidest, wie tief deine Beziehung mit Gott sein soll. Gott hat keine Lieblingskinder. Es ist deine Entscheidung, ob du dich ihm hingibst. In seinem Buch *The Pursuit of God (Gottes Nähe suchen)* schreibt A. W. Tozer: „Es braucht ein entschlossenes Herz und mehr als nur ein bisschen Mut, wenn wir uns aus dem Griff des Zeitgeistes lösen und zu den Wegen der Bibel zurückkehren wollen."[5]

Rut hatte solch ein entschlossenes Herz. Gott ehrte ihren Glauben, der sie dazu brachte, alles Vertraute hinter sich zu lassen und eine Reise ins Unbekannte zu wagen. Rut ließ sich nicht davon abhalten, Gott zu suchen, weder von ihren alten Freunden und ihrer gewohnten Umgebung noch von dem toten Glauben ihrer Kultur. Sie ließ nicht zu, dass ihre dunkle Vergangenheit ihr den Weg in eine helle Zukunft versperren würde, der mit ihrer ersten folgenschweren Entscheidung begann: rückhaltlose Hingabe an Jesus Christus.

Hast du diese wichtige Entscheidung schon getroffen oder hast du dich auf eine mittelmäßige Beziehung mit Jesus eingelassen? Amy Carmichael, eine der größten alleinstehenden Missionarinnen, die je gelebt haben, bemerkte einmal: „Das Traurigste, das einem begegnen kann, ist ein Namenschrist."[6]

Entscheide dich hier und jetzt, der Mittelmäßigkeit den Rücken zu kehren. Sei mutig und entschließe dich, Jesus von ganzem Herzen, mit ganzer Seele und mit deinem ganzen Verstand nachzufolgen. Wenn du eine alleinstehende Frau bist, dann ist dies der perfekte Moment, eine radikale Beziehung zu Jesus aufzubauen und allen oberflächlichen Schein aus deinem Glaubensleben zu verbannen.

Wenn du eine gottwohlgefällige Frau sein willst, während du auf deinen Prinzen wartest, musst du dich zuallererst Jesus rückhaltlos hingeben. Wenn du als Frau eifrig, voller Glauben, tugendhaft, hingegeben, rein, sicher, zufrieden und voller Überzeugung leben willst, brauchst du dafür die Stärke und Disziplin, die in einer radikalen Beziehung zu deinem himmlischen Bräutigam zu finden sind. Wenn du mit irgendeiner der in den folgenden Kapiteln behandelten Eigenschaften Schwierigkeiten hast, könnte es an der Zeit sein, deine Hingabe an Jesus noch einmal zu prüfen. Ist sie real und allumfassend, oder ist sie nur schmückendes Beiwerk? Kannst du dich an eine Gelegenheit erinnern, bei der du dein Alabasterfläschchen vor dem Herrn Jesus zerbrochen hast? Eine Frau nach dem Herzen Gottes versteht etwas von dem Wohlgeruch des Parfüms, das aus ihrem zerbrochenen Alabasterfläschchen fließt. Es ist der unwiderstehliche Duft der völligen Hingabe an Jesus Christus.

Zu einer Frau werden, die sich rückhaltlos hingibt

Was ist aus deiner Sicht der Unterschied zwischen oberflächlicher Scheinhingabe und rückhaltloser Herzenshingabe an Jesus? Ist deine Beziehung mit Jesus von Opferbereitschaft oder von Bequemlichkeit geprägt (lies 2. Sam. 24, 24)?

In vielen Bereichen, weiß ich habe ich eine Hingabe an Jesus. Stelle ihn in den Mittelpunkt und dass weiß ich oft nicht! Dennoch ist es zu wenig, meine persönliche Liebesbeziehung mit ihm! Ich will ihn als meinen Geliebten sehen, annehmen und lieben lernen.

Hast du dein Alabasterfläschchen zu Jesu Füßen zerbrochen (lies Mk. 14, 3–9 und Lk. 7, 36–39)? Wagst du es nicht, dein Fläschchen zu seinen Füßen zu zerbrechen? Warum?

Ich möchte mein Fläschen vor Jesus Füßen zerbrechen, somit alles was ich hab und bin, mein Kostbarstes in meinem Leben ihm geben! Das fällt mir sehr schwer manchmal, aber ich möchte es tun! – Stolz, – Sicherheit, – Materiell, – Anerkennung, – Verletzung; vieles hindert mich daran!

Wenn du an Rut denkst: Wie hat deine Beziehung zu Jesus deine Freunde, deine Umgebung und deinen Glauben beeinflusst (lies Mt. 19, 29)?

Ich musste einen großen Teil (Anfangs, wie jetzt auch noch, meine Mutter) zurück lassen! Das ist hart und tut weh!

Weist dein Leben sowohl privat als auch öffentlich Zeichen deiner rückhaltlosen Hingabe an Jesus Christus auf? Erläutere sie.

Ja, ich denke schon!
Nur ist dies noch viel, viel mehr
Aufschöpfbar :)

Lies Kolosser 2, 10. Was verstehst du darunter, in Jesus erfüllt zu sein? In welcher Weise fühlst du dich unvollständig? Wie kann man das ändern?

Unvollständig in meiner Identität in Jesus.
Ich weiß nicht, was er über mich denkt,
ein paar Dingen! TIME WITH HIM

Hast du erlebt, wie erfüllend es sich anfühlt, wenn du merkst, wie dein himmlischer Verlobter um dich wirbt? Denke über die folgende Vorbedingung einer Verabredung nach: Bevor du dich auf Verabredungen einlässt oder gar heiratest, musst du verstehen, dass du in Jesus vollständig bist.

Ich weiß, wie es ist! Aber es ist zu wenig
im Moment! Davon möchte ich mehr,
Jesus als meinen Verlobten!

Was denkst du über folgende Aussage: „Jede Frau, die nicht versteht, dass sie in Jesus vollständig ist, ist anfällig für den Götzendienst"? (In diesem Fall besteht der Götzendienst darin, dass sie ihre Vollständigkeit von einem Mann abhängig macht und ihm so Gottes Platz einräumt.) Denke über diesen Vers nach: „Gott segnet die, die erkennen, dass sie ihn brauchen" (Mt. 5, 3; *NL*).

Ich will erkennen und entscheiden, dass
nur Gott auf Nr. 1 in meinem
Leben steht!

2

Eine eifrige Frau

Sie bereitete sich gerade darauf vor, auf einer Veranstaltung zu sprechen, sorgte nebenbei dafür, dass die Kinder aufstanden, sich anzogen und ihr Frühstück bekamen, bereitete ihnen ihre Pausenbrote, verfrachtete alle ins Auto und brachte sie zur Schule. Dann fuhr sie schnell wieder nach Hause, um sich zu frisieren und zu schminken. Als sie schließlich fertig war, sich auf den Weg zur Veranstaltung zu machen, huschte sie noch einmal kurz ins Bad. Während sie ihre Hände wusch, bemerkte sie, dass die Toilette überlief, und das nicht langsam und tropfenweise. Das Wasser ergoss sich in Strömen über den Boden, lief in ihre Schuhe mit den offenen Zehen und erreichte ihre Nylonstrümpfe. Sie angelte nach ein paar Handtüchern und benutzte sie, um einen Deich anzulegen. Dann rieb sie ihre Füße trocken und benetzte ihre Schuhe mit Parfüm. Sie rannte aus der Tür und sprang ins Auto, nur um auf halbem Weg zur Gemeinde zu bemerken, dass ihre Bibel und ihre Notizen noch auf dem Küchentisch lagen.

Das ist der dramatische Alltag von Jackie Kendall. Doch sie ist nicht die Einzige, die mit diesem Wahnsinn zu kämpfen hat. Jede Ehefrau und Mutter kümmert sich um die rechtmäßigen Bedürfnisse ihres Mannes und ihrer Kinder. Diese Bedürfnisse beanspruchen den Vorrang vor allem, was sie vielleicht gerne tun würde, wie „edel“ der Wunsch auch sein mag. Wenn eine verheiratete Frau auch nur den einfachsten Gemeindedienst übernehmen will, muss sie unter Umständen dreimal so viel Zeit dafür aufwenden wie eine alleinstehende Frau. Auch wenn sich eine unverheiratete Frau vielleicht manchmal nach dem „Chaos“ einer Familie sehnt, darf sie ihre Zeit nicht damit verschwenden, solchen Gedanken nachzuhängen. Sie muss darauf achten, ihre Zeit weise zu nutzen. Sie kann sich ihre Termine besser einteilen und ihre Entscheidungen unabhängiger treffen als jemand mit Familie. (Das gilt nicht für die alleinerziehende Frau, die doppelt so viel Verantwortung zu tragen hat wie die verheiratete. Sie ist alleine dafür zuständig, die Kinder aufzuziehen, was die Last der täglichen Verpflichtungen noch vergrößert.)

Die Zeit deines Singledaseins ist perfekt dazu geeignet, alle deine Möglichkeiten auszuschöpfen. Jeder Gläubige sollte seine Zeit weise nutzen, wie es in Epheser 5, 15–17 *(NL)* steht: „Achtet sorgfältig darauf, wie ihr lebt; handelt nicht unklug, sondern bemüht euch, weise zu sein. Nutzt jede Gelegenheit, in diesen üblen Zeiten Gutes zu tun. Handelt nicht gedankenlos, sondern versucht zu begreifen, was der Herr von euch will."

John Fischer schreibt:

> *Gott hat mich berufen, jetzt zu leben. Er möchte, dass ich mein volles Potenzial als Mann hier und jetzt erkenne, dankbar für den Platz bin, den ich im Moment einnehme und ihn voll und ganz genieße. Ich habe das merkwürdige Gefühl, dass ein alleinstehender Mensch, der sich immer nur wünscht, verheiratet zu sein, schließlich entdecken wird, was er sich damit alles eingehandelt hat, und sich dann nach seinem Leben als Single zurücksehnt! Er wird sich fragen: „Warum habe ich die Zeit, in der ich nicht so viele andere Verpflichtungen hatte, nicht für den Herrn genutzt? Warum habe ich mich ihm nicht vollständig hingegeben, als ich noch alleine war?"*[1]

Die alleinstehende Frau kann sich in einem Maße in die Arbeit des Herrn geben, wie es der verheirateten Frau nicht möglich ist, weil sie als Ehefrau und Mutter anderweitig beansprucht ist und Verantwortung zu tragen hat. Ironischerweise können ledige Frauen so unter ihrem Singledasein leiden, dass sie gefühlsmäßig beanspruchter sind als eine Ehefrau und Mutter von vier Kindern.

Anstatt zu Hause zu sitzen und über einen weiteren „verabredungsfreien" Samstagabend zu brüten, solltest du erkennen, wie viel kostbare Zeit dir an diesem Punkt deines Lebens anvertraut worden ist. Anstatt wegen der vielen allein verbrachten Stunden in Groll zu versinken, könntest du sie als ein Geschenk Gottes annehmen, als ein Paket voller Möglichkeiten, ihm zu dienen – Möglichkeiten, die nur von deinem eigenen Selbstmitleid und Mangel an Gehorsam beschränkt sind.

Keine Zeit zu verschwenden

Da Noomi wusste, wie Gott es versprochen hatte, die Witwen zu versorgen, schickte sie Rut auf das Feld eines Verwandten, um Ähren aufzulesen. Rut setzte ihre Kraft bereitwillig dafür ein, jede Arbeit, die der Herr für sie hatte, eifrig zu tun. Sie blieb nicht wie gelähmt am Boden liegen, nur weil sie keinen Ehemann hatte. „Und Rut, die Moabiterin, sagte zu Noomi: Ich möchte gern aufs Feld gehen und etwas von den Ähren mit auflesen hinter dem her, in dessen Augen ich Gunst finden werde. Sie sagte zu ihr: Geh hin, meine Tochter!“ (Rt. 2, 2). Sie ließ sich auch von der Tatsache, dass sie eine Fremde aus Moab war, nicht einschüchtern, während sie auf einem fremden Feld Ähren auflas. Rut war „die Neue“ im Dorf, ein offensichtlicher Neuzugang, aber sie fürchtete sich nicht davor, sich in eine Situation zu begeben, die ihr nicht vertraut war. Zahllose unverheiratete Frauen bleiben lieber zu Hause, als sich allein ins Unbekannte aufzumachen. Auf diese Weise vermeiden sie nicht nur, von anderen ermutigt zu werden, sie schotten sich auch vor neuen Beziehungen ab, wenn sie sich – ängstlich und voller Selbstmitleid – zu Hause verschanzen.

Wenn eine ledige Frau der Furcht vor neuen Kontakten und Herausforderungen erlaubt, sie zu Hause festzuhalten, ist es gut möglich, dass sie sich langweilt und sich einsam fühlt, während sie viele befriedigende und erfüllende Erfahrungen verpasst. Verbringe deine Tage nicht als ängstliche, alleinstehende Frau zu Hause. Unternimm einen Glaubensschritt und melde dich freiwillig für einen Dienst. Bring dich ein und sieh, was du die ganze Zeit über versäumt hast. Eine unverheiratete Frau sagte einmal: „Es macht so unbeschreiblich große Freude, dem Herrn zu dienen.“ Menschen, die sich nicht am Dienst für den Herrn beteiligen, haben offensichtlich diese Freude nie erlebt. Ansonsten würden die Gemeinden sie nicht lange bitten müssen, mitzuarbeiten. Wenn all die Alleinstehenden in der Gemeinde ihre strategisch wichtige Position erkennen würden, müsste keine Gemeinde je um Hilfe im Kinderdienst oder bei der Jugend- und Studentenarbeit bitten. Wahrscheinlich gäbe es dann so viele alleinstehende freiwillige Helfer, dass es zu einem Arbeitskräfteüberschuss käme!

Frei zur Nachfolge

Bist du in deiner Freizeit damit beschäftigt, Jesus zu dienen, oder verschwendest du wertvolle Stunden, indem du versuchst, einem Mann, der noch zu haben ist, hinterherzujagen und ihn einzufangen? Rut war eine Witwe, aber sie verbrachte ihre Zeit nicht damit, Treffen für alle unglücklichen alleinstehenden Frauen zu organisieren, mit denen sie ihr Elend vergleichen und darüber reden könnte, wer wie lange schon keine Verabredung mehr gehabt hatte. Als sie und Noomi zurück nach Bethlehem zogen, verschwendete Rut nicht einen Moment mit Selbstmitleid. Sie machte sich unverzüglich an die Arbeit. Anstatt sich von ihren entmutigenden Umständen schwächen zu lassen, nutzte sie ihre Möglichkeiten und nahm jeden Tag freudig und tatkräftig an.

Rut begegnete dem Gott Israels, nachdem sie viele Jahre in Dunkelheit gelebt hatte. Er nahm ihren Dienst freudig an, obwohl sie eine Fremde aus dem Lande Moab war. Sie gab sich in den Dienst des Herren hinein und verband sich dadurch mit ihm, so wie Schnüre miteinander verflochten ein starkes Seil ergeben. Jesaja 56, 6–7 spricht von einem Fremden, der sich dem Herrn anschließt, und davon, dass der Herr diesen „sorgfältigen“ Dienst bereitwillig annimmt: „Und die Söhne der Fremde, die sich dem Herrn angeschlossen haben, um ihm zu dienen … die werde ich zu meinem heiligen Berg bringen.“

Bist du noch eng mit dem Herrn verbunden, indem du ihm eifrig dienst, oder hat sich deine Beziehung zu Gott und dein Dienst für ihn in den Jahren deines Singledaseins gelockert? Haben Groll und Selbstmitleid das früher so engmaschige Strickwerk deiner Arbeit für Gott aufgelöst? Du musst sorgfältig auf die Dinge achten, die dich davon abhalten, deine freie Zeit auszukaufen. „Sie [Elisabeth

Elliot] versuchte, alles aus dem Weg zu räumen, was die Vision verzerren konnte, die Gott ihr von seiner Arbeit gegeben hatte, alles, was andere ablenken, verführen oder sonst wie davon abhalten konnte, den Herrn Jesus allein zu suchen.“[2]

Manche Singles denken, dass Gott ihnen deshalb einen Partner vorenthält, weil er eine „edlere Bestimmung“ für sie hat: *ihr Kreuz zu tragen!* Unsere selbstsüchtige Natur sieht immer eher auf das, was wir nicht haben, als auf das, was wir haben – in diesem Fall freie Zeit, die wir für uns und andere nutzen können. Hat dein Leben angehalten, nur weil du niemanden hast, den du festhalten kannst?

Eine hübsche blonde Frau saß in einem Restaurant und begann, ihrem Gegenüber ihre Lebensgeschichte zu offenbaren. Ihr Zuhörer war sichtlich überwältigt. Hier saß eine sehr attraktive Frau, deren Leben mit Jesus zum Stillstand gekommen war, nachdem ihre Welt auseinandergebrochen war. Sie war einige Jahre verheiratet gewesen und hatte versucht, ein Kind zu bekommen. Dann hörte sie, dass ihre alleinstehende beste Freundin schwanger war. Welche Ironie: Ihre unverheiratete Freundin war schwanger, während sie selbst kinderlos blieb. Die Ironie wurde zum Trauma, als die verheiratete Frau erfuhr, dass der Vater des Kindes ihr eigener Ehemann war! Kannst du dir vorstellen, wie diese Nachricht das Herz der hübschen, jungen Frau verwüstete? Hast du schon einmal einen emotional so niederschmetternden Schlag erlebt? Ihr Zuhörer war wie betäubt und begann, inständig um Weisheit bezüglich dieser Tragödie zu bitten. Jesus erinnerte ihn daran, dass Gott sich nicht von einem Trauma einschüchtern lässt. In Psalm 34, 19 heißt es: „Nahe ist der Herr denen, die zerbrochenen Herzens sind, und die zerschlagenen Geistes sind, rettet er.“ Das Leben dieser Frau mit dem zerbrochenen Herzen war zum Stillstand gekommen, nachdem ihr Mann sie verlassen hatte. Eine solche Reaktion ist durchaus verständlich, doch an diesem Tag im Restaurant beschloss diese nun alleinstehende Frau, ihr zerbrochenes Herz, ihre leeren Arme und ihre Einsamkeit zu nehmen und Jesus zu geben. Im Austausch dafür brachte Jesus ihr bei, wie sie sich gegen ihr Selbstmitleid wehren und aufhören konnte, in Bitterkeit zu leben. Nachdem sie sich entschieden hatte, sich Jesus als ihrem Herrn rückhaltlos hinzugeben, war sie frei, ihm zu dienen. Diese einstmals alleinstehende Frau mit dem zerbrochenen Herzen wurde zu einer furchtlosen Dienerin des Herrn. Sie ging sogar als Missionarin nach Quito in Ecuador.

Ist auch dein Leben zum Stillstand gekommen? Hast du eine Entschuldigung dafür, Jesus nicht zu dienen?

Ein voll gedeckter Tisch

Eine Freundin aus Collegezeiten blieb länger unverheiratet, als irgendeine von uns erwartet hätte. Am College hatte sie dauernd Verabredungen, deshalb dachten wir, wenn eines von uns Mädchen je heiraten sollte, dann würde es Donna sein. Zehn Jahre nach ihrem Abschluss am College war sie noch immer unverheiratet. Einmal wurde sie gefragt, was ihr dabei half, als alleinstehende Frau so zufrieden zu sein. Ohne zu zögern, antwortete sie: „Ein voll gedeckter Tisch." Jahrelang hatte sie ihre Mahlzeiten von Papptellern gegessen, während ihr gutes Porzellan und ihr Besteck fein säuberlich in ihrer Aussteuertruhe verstaut waren. Dann zeigte ihr der Herr, dass sie nicht erst auf einen Partner warten musste, um etwas Schönes in ihr Leben zu bringen. Sie packte ihr Porzellan und das Silberbesteck aus und fing damit an, nicht nur andere damit stilvoll zu bewirten, sondern auch für sich selbst täglich Porzellan und Kristallglas zu benutzen. (Eines Mittwochabends saß Donna in der Gemeinde vor zwei Leuten, die später ihre Schwiegereltern werden sollten. Zum damaligen Zeitpunkt kannten sie sich nicht. Auf dem Weg von der Gemeinde nach Hause sagte der zukünftige Schwiegervater, dass er denke, dass Donna seine Schwiegertochter werden würde. Er hatte vollkommen recht. Diese zufriedene alleinstehende Frau hat heute jemanden, der mit ihr gemeinsam ihr Porzellan und Kristallglas benutzt, doch das Gefühl der Zufriedenheit stellte sich nicht erst aufgrund eines Ehemanns ein. Sie fand Zufriedenheit, indem sie dem Herrn diente.)

Manche Frauen verharren im Stillstand und warten auf einen Mann, der auf einem weißen Hengst in ihr Leben geritten kommen soll.

Sie haben kein Porzellan, keine anständigen Möbel und keine Bilder an der Wand – nichts von all den kleinen Besonderheiten, die dafür sorgen, dass ein Haus einladend wirkt. Sie investieren nur das Notwendigste in einen Zustand, von dem sie hoffen, dass er ohnehin nur vorübergehend sein wird. In ihrem Leben ist die „Papptellermentalität" sichtbar. Sie verstehen nicht, dass man auch ohne Ehemann erfüllt und zufrieden sein kann. Diese kostbaren Frauen haben sich mit einem „Abklatsch" des wahren Lebens zufriedengegeben. Wie anders ist da die Aussage Jesu in Johannes 10, 10. Dort sagt er, dass er gekommen sei, damit wir Leben im Überfluss haben könnten. Glaubst du, dass dieses Leben im Überfluss ausschließlich für die verheiratete Frau bestimmt ist? Glaubst du, dass eine Frau mit einem Ehemann, zwei Kindern, einem netten Zuhause und zwei Versicherungspolicen mit ihrem Leben zufriedener ist als du? Du wirst nur dann mit deinem Leben zufrieden sein, wenn du dem Herrn eifrig dienst – unter welchen Umständen auch immer.

Das Singledasein – ein beneidenswerter Zustand

Das Singledasein ist ein beneidenswerter Zustand. Eine unverheiratete Frau hat etwas, das eine verheiratete Frau am Tag ihrer Eheschließung aufgegeben hat: mehr Zeit für Jesus. Zu viele junge Frauen verschwenden wertvolle Jahre, während sie darauf warten, dass das Leben mit der Hochzeit endlich anfängt. Ihnen wird kaum bewusst, welch kostbare Zeit sie verschwenden – bis es zu spät ist. Hast du dir Gelegenheiten zum Dienst oder für die Mission entgehen lassen, weil du befürchtet hast, dadurch länger unverheiratet zu bleiben?

Eine junge Frau hörte von diesem beneidenswerten Zustand und fragte Jackie in einem Brief, ob sie einen Doktortitel anstreben sollte. (Sie feiert ihre Geburtstage immer noch als Single – länger als sie erwartet hat.) Begeistert ermutigte Jackie sie, diesen Abschluss zu machen. Als alleinstehende Frau konnte sie sich eifrig in ihre Bücher vertiefen, ohne einen Partner oder ein Kind zu vernachlässigen. Ihr Familienstand als ledige Frau war perfekt dafür geeignet, ihr das Doktoratsstudium zu ermöglichen. Das soll nicht bedeuten, dass eine Frau nach ihrer Eheschließung keine Träume mehr verwirklichen kann, aber sie wird einen viel höheren Preis zu zahlen haben, und oft wird der Traum, den sie verfolgt, zu einem Albtraum.

Wenn du Jesus gerne dienst, dann verschwende bitte nichts von der freien Zeit, die dir zur Verfügung steht. Denke nicht, dass du dich in einem solch unglücklichen Zustand befindest, dass du niemand anders helfen könntest. Selbstzentriertheit wird dir die Freude am Dienen rauben. Satan, der darauf aus ist, dich von Gottes Bestem für dich fernzuhalten, möchte, dass du weiter davon träumst, wie du „eines Tages" im Dienst sein wirst. Er möchte dich davon abbringen, eine nachhaltige Investition zu tätigen. Zu viele Frauen sind so töricht, seinen Lügen zu glauben. Deshalb halten sie nicht länger nach Gelegenheiten Ausschau, sich in irgendeiner Form an der Verbreitung des Evangeliums zu beteiligen. Unzufrieden und unerfüllt denken sie: „vielleicht nächstes Jahr". Dieser Gedanke ist wie Treibsand, in dem sie versinken.

Viele denken „Ich Arme!", und fallen damit auf des Teufels Verführung herein. Ein Auszug aus dem Brief einer alleinstehenden Freundin stellt diese von Selbstmitleid durchtränkte Lüge bloß: „Wie es meist der Fall ist, begannen sich die Dinge in dem Moment zum Besseren zu wenden, in dem ich aufhörte, zu fragen, was für mich dabei herausschaute, und anfing, zu fragen, was ich geben sollte. Das Erste, was sich besserte, war meine Einstellung. Ich wachse immer noch weiter. Gott stärkt mich sehr in meiner Beziehung zu ihm und befähigt mich, herauszufinden, wo ich den Menschen in meiner Umgebung dienen kann." Diese alleinstehende Frau ist ein Fall von klassischer Schönheit. Sie hat gelernt, wie sie ihre freie Zeit für Jesus einsetzen kann, anstatt zu Hause zu sitzen und melancholische Gedichte zu schreiben.

Unablässige Nachfolge

„Unbeirrbar" und „unablässig" beschreiben verschiedene Facetten des Wortes „Eifer". Die eifrige Frau verkörpert diese Ausdrücke. Es gibt einen Vers, der ihre Einstellung zum Dienst und zum Dienen beschreibt. Im ersten Korintherbrief, 15, 58 *(NL)* heißt es: „Deshalb bleibt fest und unerschütterlich im Glauben, liebe Freunde, und setzt euch mit aller Kraft für das Werk des Herrn ein, denn ihr wisst ja, dass nichts, was ihr für den Herrn tut, vergeblich ist." Beschreibt das treffend, wie du darüber denkst, deine freie Zeit für Jesus einzusetzen? Lass uns untersuchen, wie Eifer jeden Aspekt deines Dienstes für den Herrn beeinflusst.

Eifer und der Predigtdienst

Bist du jahrelang der Wahrheit eifrig gefolgt, hast dabei aber mehr für dich genommen, als anderen gegeben? Nimmst du regelmäßig an einem Bibelkreis teil, in dem du anderen gibst oder vielleicht sogar lehrst? Fast ebenso gefährlich, wie das Wort zu vernachlässigen, ist die Gewohnheit, das Wort aufzunehmen, aber nicht in die Praxis umzusetzen. Eindruck ohne Ausdruck kann zu Bedrückung führen. Gehst du gewohnheitsmäßig zum Gottesdienst, zur Sonntagsschule, zum Bibelkreis, zu Seminaren und Einkehrzeiten? Bist du dabei immer nur auf der Empfänger- und niemals auf der Geberseite? Nutze diese Zeit in deinem Leben, in der dich nichts daran hindert, andere zu lehren. Vielleicht hast du darüber nachgedacht, eine Jüngerschaftsgruppe zu leiten? Zögere nicht länger, fang damit an! Es gibt keinen besseren Zeitpunkt dafür als jetzt. Vielleicht hast du mit dem Gedanken gespielt, in einem Bibelkreis zu lehren? Schiebe es nicht auf. Die Zukunft könnte vermehrt Ablenkungen bringen, die dich von deinem Ziel fernhalten werden.

Eifer und der Dienst der Ermutigung

Wie oft kommst du im Laufe einer Woche in eine Situation, in der dir jemand eine bestimmte Not anvertraut und du dir sehnlich wünschst, in Weisheit und Gnade antworten zu können? In Jesaja 50, 4 *(NL)* heißt es: „Der Herr hat mir die Zunge eines Jüngers gegeben, damit ich weiß, wie ich den Müden ermutigen kann. Morgen für Morgen öffnet er mir das Ohr, damit ich höre, wie ein Jünger hört." Fällt es dir schwer, auf solch einen frühmorgendlichen Weckruf zu reagieren? Früh aufzustehen, um die Zunge eines Jüngers zu entwickeln, wird dir eine Tür für den Dienst an denen öffnen, die müde sind – ob sie sich nun in der Arbeit, in der Gemeinde oder auch nur im Supermarkt befinden. Es werden deine Worte sein, die ihnen Heilung und Ermutigung bringen. „Eine heilsame Zunge ist ein Baum des Lebens, ist aber Verkehrtheit an ihr, verwundet sie den Geist" (Spr. 15, 4; *Schlachter).* Eine solche frühmorgendliche Übung wird dir zu dem Vorrecht verhelfen, als Gottes Gartenschlauch in einem Land mit vielen durstigen Menschen zu dienen.

Eifer und der Gebetsdienst

Hast du eine Gebetspartnerin? Oder hast du nur jemanden, mit dem du dich regelmäßig deinem Selbstmitleid hingibst? Wenn du keine Gebetspartnerin hast, bitte den Herrn gleich jetzt um ein solches Geschenk. Eine Gebetspartnerin kann dir helfen, für andere zu beten. Natürlich sollte dein Gebetspartner eine Frau sein. Sie kann dich auch ermutigen, Gottes Sichtweise beizubehalten, während du dein Versprechen einlöst, so zu werden, wie Gott dich haben möchte – ob du nun verheiratet bist oder nicht.

„Eine Gebetspartnerschaft ist eines der wertvollsten Hilfsmittel, wenn es darum geht, die tiefste und wichtigste Aufgabe des menschlichen Geistes zu erfüllen: Gebet."[3] Regelmäßig mit jemandem (oder in einer Kleingruppe) zu beten, ist ein überaus bedeutender Teil deines Dienstes für Gott. Es ist ein Vorrecht, für die Nöte eines anderen Fürbitte tun zu dürfen. Wenn du mit einem Gebetspartner Fürbitte tust, kann dieses harmonische „Duett" vor Gott deine Welt verändern. Matthäus 18, 19 beschreibt dieses harmonische Duett: „Wiederum sage ich euch: Wenn zwei von euch auf der Erde übereinkommen, irgendeine Sache zu erbitten, so wird sie ihnen werden von meinem Vater, der in den Himmeln ist." Das kleine Verb „übereinkommen" spricht von Harmonie. Hast du jemanden, mit dem du in betender Harmonie vor Gott kommen kannst? Anstatt einen Lebenspartner zu suchen, halte Ausschau nach einem Gebetspartner. Gemeinsam könnt ihr an Gebetsprojekten teilnehmen, die Gott initiiert hat. Gemeinsam könnt ihr entdecken, wie ihr eure Sorge für andere in Gebetsprojekte verwandelt.

Eifer und der Dienst des Helfens

Es ist zu bezweifeln, dass es eine bessere Zeit geben könnte, Jesus zu dienen, als diesen gegenwärtigen Zeitraum, in dem du alleinstehend bist. Anstatt kostbare Momente damit zu vergeuden, über einen irdischen Geliebten zu fantasieren, nutze deine freien Stunden täglich, um dem Herrn des Himmels zu dienen. Wenn du frustriert und beunruhigt bist, anstatt Jesus zu dienen und Frucht zu bringen, dann bitte ihn gleich jetzt, deine Sicht wieder zurechtzurücken.

Während Rut eifrig die Arbeit tat, die sie tun konnte, sandte Gott ihr einen Mann, der sie beschützte und für sie sorgte. Gott wird dasselbe für dich tun, wenn das sein Plan ist. Bietet sich eine Gelegenheit, dich an einem Dienst zu beteiligen, die du nutzen solltest? Warum solltest du nicht über einen Kurzzeitmissionseinsatz nachdenken? Mach dir keine Gedanken wegen dieses bestimmten jungen Mannes, auf den du schon eine ganze Weile ein Auge geworfen hast. Wenn er Gottes Bestes für dich ist, wird er noch da sein, wenn du zurückkommst. Du bleibst vielleicht nicht dauerhaft unverheiratet, aber dennoch solltest du, während du es noch bist, ganz gewiss nicht im Koma liegend darauf warten, dass dein Märchenprinz erscheint und dich kurzerhand auf sein Schloss verfrachtet. Eine alleinstehende Frau ist kein Dornröschen, das darauf wartet, dass der Prinz sich einen Weg durch die Dornen bahnt und die böse Hexe überwindet, um sie endlich wach zu küssen. Das ist eine Lüge, die der Feind oft benutzt, um Frauen zu betrügen.

Gibt es eine Gelegenheit zum Helfen, die du nicht wahrgenommen hast, weil du deinen Wachposten auf der Mauer nicht verlassen kannst, von dem aus du nach deinem holden Ritter Ausschau hältst? Wartet da vielleicht eine Anmeldung für einen Sommereinsatz darauf, von dir ausgefüllt zu werden? Eine solche Gelegenheit mag sich nächsten Sommer wieder ergeben, aber dann wird es noch schwerer sein, sich zum Dienst zu melden, denn mit der Zeit kommen immer mehr Dinge, die dich davon abhalten. Wenn du älter wirst, übernimmst du mehr Verantwortung, die deine Zeit und Aufmerksamkeit fordert. Solche Ablenkungen werden es noch schwerer machen, Jesus zu dienen. Hast du Jesus die volle Herrschaft über deine Zeit gegeben?

Für die Frau voller Eifer gibt es grenzenlose Dienstmöglichkeiten. Du kannst jederzeit einsteigen. Du musst dazu keine Bibelschule besucht haben. Was gebraucht wird, ist einfach eine alleinstehende Frau, die ihre Zeit weise für einen Dienst einsetzen möchte.

Eifer und der Dienst des Schreibens

Für diesen Dienst brauchst du einen Stift, Papier und ein bereitwilliges Herz. Große Teile des Neuen Testaments wurden als Briefe an die Gläubigen geschrieben. Eine ermutigende Karte oder ein Brief kann immer wieder gelesen werden. Es geschieht oft, dass man daran denkt, jemandem einen Brief zu schreiben, doch setzt man den Gedanken niemals in die Tat um. Du kannst den Gedanken beiseiteschieben, weil du zu beschäftigt bist oder einfach nicht gerne schreibst. Doch eine persönliche Nachricht wirkt wie Sauerstoff auf die Seele des Empfängers. „Eine segnende Seele wird reichlich gesättigt, und wer anderen zu trinken gibt, wird selbst erquickt" (Spr. 11, 25; *Schlachter).*

Wenn du es dir nicht zutraust, einen ganzen Brief zu schreiben, oder dein Zeitplan dir einen solchen Schreibdienst nicht erlaubt, dann kaufe ein paar vorgedruckte Postkarten und versuche, sie regelmäßig an verschiedene Menschen zu schicken, die ein ermutigendes Wort brauchen. Der Herr möchte, dass du in das Leben der Menschen in deiner Umgebung hineinwirkst, und Schreiben ist eine Möglichkeit dazu.

Eifer und der Dienst des Zuhörens

Du kannst den Dienst des Zuhörens jederzeit beginnen. Wenn jemand trauert, ist deine Gegenwart wichtiger als deine Worte. Wenn jemand beladen ist, kann es angebrachter sein, einfach nur zuzuhören und leise zu beten, als mit einem Lösungsvorschlag für das Problem zu kommen. Jemandem heute bereitwillig zuzuhören, ist ein Geschenk, das du geben kannst. Ein Zuhörer stellt sich in heilsamer Weise als Publikum für jemanden in Nöten zur Verfügung. Als Jackies Schwester starb, waren Zuhörer, denen sie ihren Schmerz anvertrauen konnte und vor denen sie die Freiheit hatte, zu weinen, Gottes größte Trostquelle. Jemandem bereitwillig zuzuhören, ist ein Geschenk, das du heute jemandem machen kannst.

Um dem Geist zu dienen, kann es manchmal nur eine sanfte Berührung brauchen. Es kann auch notwendig sein, einfach bei der betreffenden Person zu bleiben, ob das nun bedeutet, stundenlang in einem Krankenhausflur zu stehen oder an einem Krankenbett zu sitzen. Manchmal sind auch die großartigsten Lieder oder Wahrheiten nicht das geeignete Mittel in einer Krise. „Einer, der das Oberkleid ablegt am Tag der Kälte, oder Essig auf Natron, so ist es, wenn einer einem traurigen Herzen Lieder singt" (Spr. 25, 20). Für diesen Dienst brauchst du keine Ausbildung, sondern ein liebendes, hörendes Herz.

Eifer und der Dienst der Gastfreundschaft

Der Dienst der Gastfreundschaft bedeutet nicht, sein Heim wie für eine Ablichtung in „Schöner Wohnen" aufzutakeln oder ein Festessen à la Paul Bocuse zu zaubern. Einfach für andere zu kochen, ist ein bedeutender Dienst, besonders wenn jemand erkrankt ist oder aus einem anderen Grund Hilfe brauchen kann. Ein Auflauf oder ein Kuchen kann ein großer Segen sein – für eine frischgebackene Mutter, einen älteren Nachbarn oder für jemanden, der durch einen Todesfall in der Familie emotional am Ende ist. Was für ein großartiger Weg, die Liebe Christi mit jemandem zu teilen, der das Christentum in Aktion erleben muss.

Bitte beschränke deinen Dienst der Gastfreundschaft nicht auf Candle-Light-Dinner für den Mann deiner Träume. Denke darüber nach, wie ein stilvolles Candle-Light-Dinner einer Gruppe alleinstehender Frauen oder auch älterer Schülerinnen zum Segen werden könnte.

Eifer und der Dienst des Helfens

Dieser Dienst nimmt Zeit in Anspruch, aber er ist unersetzlich. Anderen bei ihren täglichen Aufgaben zu helfen, ist ein Geschenk, das ihre aufreibende Eintönigkeit unterbricht. Einer Freundin zu helfen, ihre Wohnung für besondere Gäste vorzubereiten, oder ihr beim Umzug zur Hand zu gehen, sorgt beim Empfänger immer für Dankbarkeit. Bloße körperliche Arbeit mag im Vergleich zum Gemeindebesuch unbedeutend erscheinen, aber das Wort Gottes stellt eine solche Auffassung klar als Missverständnis heraus. „Ob ihr nun esst oder trinkt oder sonst etwas tut, tut alles zur Ehre Gottes!" (1. Kor. 10, 31). Vielleicht braucht eine Freundin jemanden, der sie während der Hauptverkehrszeit zum Flughafen bringt, vielleicht muss ihr Backofen gereinigt oder auch nur ihre Wäsche gemacht werden. All das kann zur Ehre Gottes getan werden. „Tut alles von Herzen, als Leute, die dem Herrn und nicht Menschen dienen" (Kol. 3, 23; *GN).*

Unspektakuläre Arbeiten

Für diejenigen unter euch, die Jesus eifrig nachfolgen und das Vorrecht, ihm zu dienen, wertschätzen, kommt hier eine ganz besondere Erinnerung: Manchmal wirst du dazu berufen sein, eintönige Arbeiten zu erledigen, die nicht für Schlagzeilen sorgen werden. Das kann frustrierend sein, weil es nicht sehr beeindruckend wirkt. Denke über die ganz gewöhnlichen Alltagspflichten nach, die Jesus den größten Teil seines Lebens (30 Jahre lang) erledigte, bevor er seinen öffentlichen Dienst begann. Welche demütigere Arbeit hätte Rut tun können, als die liegen gebliebenen Ähren aufzulesen, damit ihre Schwiegermutter und sie nicht verhungerten? Richard Foster hat diesen Gedanken auf brillante Weise zu Papier gebracht: „Wenn wir all unseren Dienst immer nur vor anderen tun, sind wir wahrhaft oberflächliche Menschen."[4] Jesus sagt klar, was er von der ständigen öffentlichen Darstellung unseres Dienstes hält. „Alles, was sie tun, tun sie nur, um von den Leuten gesehen zu werden" (Mt. 23, 5; *GN).* Zögere also nicht, wenn dich das nächste Mal jemand bittet, einen unspektakulären Dienst zu übernehmen. Der König führt über solche Arbeiten Buch (siehe Mt. 25, 34–35). Bibelkreise zu leiten, mit Evangelisationsteams hinauszugehen, Missionseinsätze mitzumachen und auch an Gebetsgruppen teilzunehmen – all das sind unbezahlbare Gelegenheiten zum Dienen, aber sie sind nicht die einzigen. Im Kinderdienst für die Vorschüler mitzuarbeiten, auf Kinderfreizeiten mitzufahren und sich für ein gemeinsames Essen der Jugendgruppe in die Küche zu stellen, sind ehrenwerte Dienste, die eine Frau voller Eifer wertschätzt und gerne übernimmt.

Schau in deinem Terminkalender nach, ob du nicht etwas von der freien Zeit, die du gestern verschwendet hast, heute auskaufen könntest. Lass in deinem Terminkalender keinen Platz für Zeiten des Selbstmitleids. Wenn du deine freie Zeit derart weise nutzt, wirst du später nichts zu bereuen haben. Dein Dienst wird auf ein Ziel ausgerichtet und du wirst weniger abgelenkt sein.

Freie Stunden,
ich verschwende sie nicht,
haben sie doch,
zu viel Gewicht.
Wenige mir gegeben,
und diese auch nur hier,
lege ich mein Leben nieder,
und gebe sie dir.
Es gibt Gelegenheiten,
doch oft nur einmal,
sie hier zu verpassen,
im Rückblick die Qual.
Ich will sie bewusst nutzen,
um anderen zu dienen,
ein Werkzeug in deinen Händen,
den Menschen ein Segen.

JMK

Wie man eine Frau voller Eifer wird

Lass uns herausfinden, was dich davon abgehalten haben mag, dich in größerem Maß in den Dienst hineinzugeben. Überlege, mit welchen der folgenden vier Charaktere du dich am meisten identifizierst.

Die eifersüchtige Elena: Bist du auf die Gaben anderer fixiert und findest du deshalb deinen eigenen Dienstbereich nicht? Warst du so töricht, dich mit anderen Frauen zu vergleichen? (Lies 1. Kor. 4, 7 und 12, 7; Röm. 12, 3.)

Die primadonnenhafte Paula: Möchtest du Gott zu deinen eigenen Bedingungen dienen? Möchtest du das Drehbuch schreiben und die Hauptrolle haben? (Lies Joh. 4, 34 und 7, 16+18; Mt. 23, 5.)

Die ängstliche Angela: Fürchtest du dich vor der Meinung anderer? Hast du Angst davor, dich zu sehr in den Dienst zu geben, weil du als Fanatikerin abgestempelt werden könntest? Zögerst du, eine eifrige Frau zu werden, weil du dich so unzureichend fühlst? (Lies Spr. 29, 25; 2. Tim. 1, 7; 1. Thes. 5, 24.)

Die zweifelnde Zita: Glaube bedeutet, anzunehmen, was Gott über dich sagt. Möchtest du dich gerne an mehreren Diensten beteiligen, fürchtest aber, dein Glaube sei zu schwach, um durchzuhalten? Bist du in der Vergangenheit auf Schwierigkeiten gestoßen, als du dem Herrn dienen wolltest, sodass du heute an dir zweifelst? (Ein Teil des Dienstes besteht aus Lernen, also lass nicht zu, dass die Schwierigkeiten von gestern dir die Erfolge von morgen rauben.) (Lies 1. Jo. 4, 4; 2. Tim. 1, 9; 1. Tim. 6, 12.)

____

Es wird immer ein Opfer kosten, dich an einem Dienst zu beteiligen. Hast du deiner Selbstzentriertheit erlaubt, deinen Terminplan zu bestimmen? Warum siehst du dir nicht heute Abend deine Kontoauszüge an und stellst fest, wie viel Geld du ausgegeben hast, um anderen zu helfen? (Lies 2. Sam. 24, 24; Phil. 2, 3–4; Mt. 19, 29.)

3
Eine Frau voller Glauben

Der Glaube …
die Frucht mit dem Aroma frischer Blüten,
das uns zum Siegen inspiriert
und uns bestärkt, nach Niederlagen aufzustehen.
JMK

Für den Fall, dass du auf der Jagd nach einem Ehemann sein solltest: Wir haben gehört, dass Männer in Alaska, Montana und Florida in der Überzahl sein sollen. In den nordöstlichen Staaten der USA dagegen gibt es proportional mehr Frauen als Männer.

Kommt bei dir Panik auf, weil du an einem Ort wohnst, an dem Männerknappheit herrscht? Eine kürzlich erstellte Statistik des *National Census Bureau* (Amt für Volkszählung in den USA) zeigt, dass der Anteil an alleinstehenden Männern in Palm Beach seit 1980 um 47 Prozent gestiegen ist. Palm Beach, Florida – wo es noch Männer gibt! (Klingt nach einem alten Film aus den 1950er-Jahren.) Hast du plötzlich das Verlangen, umzuziehen? Pack noch nicht!

In einem Artikel in der Tageszeitung *USA Today* heißt es: „Das *Census Bureau* berichtet, dass in den 1980er-Jahren zum ersten Mal seit Anfang des 20. Jahrhunderts die männliche Bevölkerung in den USA schneller zunimmt als die weibliche."[1] Lässt dich das aufatmen? Nun bedeutet eine solche Statistik nicht, dass es für dich nicht mehr notwendig wäre, eine Frau des Glaubens zu werden. Auch wenn es mehr alleinstehende Männer gibt, heißt das nicht, dass du aus dem manchmal anstrengenden Prozess herausgenommen wirst, in dessen Verlauf du voller Glauben auf Gottes Bestes wartest.

Eine Freundin besuchte ein großes christliches College, weil sie dachte, dass sie dort unweigerlich „den Richtigen" finden würde.

Wenn man bedenkt, dass sie aus einem sehr kleinen Dorf kommt, in dem es mehr Kühe als Menschen gibt, scheint ihre Strategie dafür, einen Ehemann zu finden, ganz logisch zu sein. Nachdem sie die vierjährige Schule beendet hatte, kehrte sie nach Hause zurück – ohne standesamtliches Abschlusszeugnis. Wo, denkst du, fand sie ihren Partner? Richtig geraten – in ihrem winzigen Kuhdorf. Ihr Vater lud sie ein, bei einem Baseballspiel der Gemeinde zuzusehen, und rate einmal, wer in der gegnerischen Mannschaft auftauchte? „Der Richtige", ein junger Mann, den sie auf einer Jugendfreizeit vor mehr als zehn Jahren kennen gelernt hatte. Den Rest der Geschichte kannst du dir denken. Ihre eigene Klugheit half ihr nicht, den Richtigen zu finden. Sie kehrte in ein Dorf zurück, in dem Männer Mangelware waren. Doch Gott, für den unsere Umstände keine Hindernisse darstellen, brachte ihr ihren Partner aus der äußersten Ecke des linken Feldes. Gott wirkte nicht auf der Grundlage ihrer eigenen Vorstellungen, sondern beachtete ihren Glauben daran, dass er ihre Bedürfnisse erfüllen würde.

Lebst du gegenwärtig in einem Dorf oder in einer Stadt, in der du mit den Augen des Glaubens sehen musst, um die Hoffnung auf einen Partner nicht zu verlieren? Besuchst du eine Gemeinde, in der die Auswahl mager ist? Lass uns einen genaueren Blick auf zwei gegensätzliche Einstellungen zu unseren Umständen werfen.

Wo es noch Männer gibt

Denke einmal darüber nach, wie die Liebesgeschichte im Buch Rut begann. Drei Witwen – Noomi und ihre zwei Schwiegertöchter Orpa und Rut – hatten Tragisches erlebt: Sie hatten die Männer, die sie liebten, verloren. Sie brauchten viel Glauben, um auch nur den gewöhnlichen Alltag ohne ihre Partner zu bewältigen, denn es war schwierig, sein Auskommen zu finden. Da Noomi Jüdin war, entschloss sie sich, Moab zu verlassen und in ihre Heimatstadt in Israel (Bethlehem) zurückzukehren. Ihre zwei Schwiegertöchter waren junge Witwen, und sie ermutigte sie daher, zu ihren Familien zurückzukehren, wo sie einen neuen Ehemann finden konnten. Noomis Vorschlag schien sehr vernünftig. Noomi wusste, dass sie (als Moabiterinnen) in Moab eher einen Ehemann finden würden als in Israel. „Geht, kehrt um, jede in das Haus ihrer Mutter! Der Herr erweise euch Gnade, so wie ihr sie den Verstorbenen und mir erwiesen habt! Der Herr gebe es euch, dass ihr Ruhe findet, eine jede in dem Haus ihres Mannes!" (Rt. 1, 8–9). Wäre Rut jemals mit einem christlichen Ehemann zusammengekommen, wenn auch sie nach Moab zurückgekehrt wäre?

Noomi wies Orpa und Rut liebevoll auf ihre Möglichkeiten hin. Sie ermutigte sie sogar, einen Weg einzuschlagen, auf dem sie die Aussicht hatten, wieder einen Mann zu finden. Orpa befolgte Noomis Rat und ließ logische Überlegungen über ihre Zukunft bestimmen. Sie gab Noomi einen Abschiedskuss und machte sich auf den Weg an den Ort, an dem es „noch Männer gab". Solche Entscheidungen sind oft auf logischen Überlegungen gegründet. Sie verlangen nicht einmal Glauben in der Größe eines Senfkorns.

Viele alleinstehende Frauen verbringen ihre Freizeit damit, wie Orpa einen vielversprechenden Ort zu suchen. Sie gehen auf Schulen, weil sie dort gute Aussichten auf potenzielle Ehemänner haben. Sie werden Mitglieder in Gemeinden, in denen das proportionale Verhältnis von Männern zu Frauen offensichtlich günstig ist. Sie gehen auf Seminare, Einkehrzeiten und Konferenzen, um nach dem Mann ihrer Träume zu suchen – und wollen dann oft für den Albtraum, den sie dort erleben, entschädigt werden (auf Einkehrzeiten kommen auf einen männlichen Teilnehmer im Schnitt sieben weibliche).

Manche Frauen haben die Gemeinde gewechselt, weil sie in einem „heiratskandidatenfreien" Bezirk lag. Andere meiden Gemeinden, in denen in Frage kommende Männer zu dünn gesät sind. Kannst du das verstehen? Manche alleinstehenden Frauen machen nach einem ersten Missionseinsatz keinen zweiten mehr mit, weil das proportionale Verhältnis von Männern zu Frauen auf dem Missionsfeld noch ungünstiger ist als in ihrer Heimatgemeinde. Eine alleinstehende Frau, die als Missionarin dient, schrieb: „Nun, ich befinde mich hier in einer hoffnungslosen Situation. Es gibt nur einen alleinstehenden Mann auf fünfzig alleinstehende Frauen." Worauf schauen diese Frauen – auf die Situation oder auf den souveränen Herrscher des Himmels?

Zufällige Begegnungen

Eine Frau, die den Weg der Orpa einschlägt (eigene Klugheit, logische Überlegungen) wird oft erfinderisch, um eine „zufällige Begegnung" mit dem Mann ihrer Träume herbeizuführen. Du kannst sie dabei beobachten, wie sie sich an genau den Orten aufhält, die „der Richtige" regelmäßig aufsucht, in der Hoffnung, dass er sie endlich bemerkt und die Romantik beginnt. Das klingt nach einer schlechten Komödie. Eine solche junge Frau singt dann womöglich im Gemeindechor, nicht weil sie dem Herrn ein freudiges Lied bringen möchte, sondern weil ihr das wöchentlich die Gelegenheit gibt, neben dem alleinstehenden Mann zu sitzen, dem ihr Interesse gilt. Unreine Motive für eine an sich edle Sache. Sprüche 19, 14 sagt: „Haus und Habe sind ein Erbteil der Väter, von dem Herrn aber ist eine einsichtsvolle Frau."

Wenn der Herr dir einen Mann geben will, braucht er dazu nicht deine schlau eingefädelten „zufälligen Begegnungen". Das soll nicht heißen, dass du Männern komplett aus dem Weg gehen und darauf warten sollst, dass der Herr dir seine Wahl per Post an die Haustür liefert. Nimm an Veranstaltungen teil, bei denen sowohl Männer als auch Frauen anwesend sind, aber achte auf deine Motive, wenn du dich in der Gegenwart von Männern befindest, die „zu haben" sind. Denke an folgende Schriftstelle, wenn du deine Motive überprüfst. Sprüche 16, 2 sagt: „Der Mensch hält sein Handeln für richtig, aber Gott prüft die Motive" *(Hfa).*

Du kannst dir Enttäuschungen ersparen, wenn du dein Herz prüfst, bevor du zu einer Veranstaltung für Singles gehst. Eine Frau, die eine solche Veranstaltung besucht, verwendet oft viel Zeit darauf, sich äußerlich vorzubereiten (indem sie zum Beispiel duscht, sich schminkt, die Nägel lackiert, das perfekte Outfit heraussucht), doch wenig auf die Vorbereitung des Herzens. Das Mädchen mit der fleischlichen Sichtweise kann so davon eingenommen werden, ihren Jungen zu finden, dass sie ihr Inneres vernachlässigt. Orpas Stil (der Weg der eigenen Klugheit) wird mehr und mehr zur Norm. Rut hingegen bietet eine Alternative zu dieser eitlen Suche nach „dem Richtigen". Sie zeigt uns, was es bedeutet, eine Frau des Glaubens zu sein.

Die Augen des Glaubens

Rut hätte sich von Orpas Beispiel beeinflussen lassen und auch nach Moab, in die Heimat ihrer Eltern und zu dem Gott ihrer Jugend zurückkehren können, um ihre Chancen auf einen Ehemann zu vergrößern. Doch Rut blieb bei Noomi und bei ihrem Gott. Es muss Rut bewusst gewesen sein, dass sie wahrscheinlich keinen neuen Mann finden würde, wenn sie mit Noomi ging. Obwohl auf diesem Weg kein zukünftiger Ehemann in Sicht war, beschloss sie, Noomi und ihrem Gott zurück nach Bethlehem zu folgen. Rut entschied sich, Gott ihre Zukunft anzuvertrauen. Sie betrachtete ihre Situation nicht mit ihren fleischlichen Augen, sondern mit den Augen des Glaubens. Obwohl Rut jung in ihrem Glauben an den Gott Israels war, beschloss sie, auf eine Zukunft zu vertrauen, die ihre Augen noch nicht sehen konnten.

Wir lesen in Hebräer 11, 1 *(NL):* „Was ist nun also der Glaube? Er ist das Vertrauen darauf, dass das, was wir hoffen, sich erfüllen wird, und die Überzeugung, dass das, was man nicht sieht, existiert." Das kann im Leben einer Frau des Glaubens zur täglichen Realität werden. Du kannst deine Hoffnung nicht auf eine Zukunft setzen, die du dir selbst zusammengeträumt hast. Du musst sie auf den Gott setzen, der deine Vergangenheit, deine Gegenwart und deine Zukunft kennt, dich liebt und dir das Beste geben möchte.

Bist du in einer Situation, die hoffnungslos scheint? Vielleicht besuchst du eine Gemeinde, in der du bereits Glauben benötigst, um auch nur die Tür zu öffnen und einzutreten, weil jeder Mann dort entweder verheiratet, verlobt oder im Alter deines kleinen Bruders ist. Anstatt in dieser schwierigen Situation zu verzagen, schau auf den Herrn mit „Augen des Glaubens". Gott freut sich sehr darüber, wenn du das tust. Hebräer 11, 6 sagt: „Ohne Glauben aber ist es unmöglich, ihm wohlzugefallen.“ Wenn du täglich deine „Augen des Glaubens“ gebrauchst, wird das Jesus wohl gefallen.

Sehnst du dich danach, ihm zu gefallen? Dann denke über deine Umstände nach und erkenne, dass die Situation, die dir so hoffnungslos scheint (kein Zukünftiger am Horizont), nur die Kehrseite dessen ist, was du durch die „Augen des Glaubens“ sehen könntest.

Wenn man bemüht ist, eine Frau des Glaubens zu sein, kann es geschehen, dass man auf ein Nebengleis gerät, wenn man versucht, die „Lieferung“ des bestellten Ehemannes zu beschleunigen.

Nun muss man zugeben, dass es für eine Frau wahrscheinlicher ist, einen gläubigen Mann in einer Gemeinde, auf einem christlichen College oder in der örtlichen Bibelrunde zu finden. All das sind offensichtlich geeignete Orte, um „den Richtigen“ zu finden. Doch wenn man davon ausgeht, dass man ihn dort finden wird, kann man sehr enttäuscht werden. Hunderte wunderbarer alleinstehender Frauen verbringen ihr Leben am richtigen Ort und bleiben doch Single.

Du fragst dich vielleicht: „Wie kann ich eine Frau des Glaubens sein, wenn ich mir tief in meinem Herzen so unsicher bin, ob Gott sich auch um mich kümmern wird? Was, wenn ich Gott vertraue und als unverheiratete Achtundneunzigjährige ende?“ Natürlich würdest du niemals geradeheraus zugeben, dass du dir nicht sicher bist, ob du Gott vertrauen kannst. Das würde zu ungeistlich wirken! Aber da beschleicht dich diese Angst aus dem Hinterkopf: „Wenn ich meine Suche wirklich aufgebe und mit diesen Augen des Glaubens schaue, könnte es sein, dass Gott mir nicht geben wird, was ich mir wünsche, wie zum Beispiel einen Ehemann, ein Zuhause und Kinder.“ Gott weiß es, wenn dein Herz sich nach diesen kostbaren Dingen verzehrt. Aber er weiß auch, dass dir diese irdischen Dinge keine innere Sicherheit geben werden.

Freilich sind es sehr verbreitete Ängste, die da an dir nagen. Der Feind weiß sehr wohl, wie verbreitet diese Ängste sind, und er nährt sie, indem er ein paar Lügen hinzufügt, wie: „Wenn du dein Verlangen dem Herrn auslieferst, wird er dich ins äußere Weitfortistan schicken, wo die Männer nur einen Meter groß werden.“ Oder: „Wenn du all deine Wünsche dem Herrn übergibst, wirst du vielleicht heiraten – aber du wirst die Bilder von deinem Verlobten gewiss nicht deinen Freundinnen zeigen wollen.“

„Kann ich Gott wirklich all meine Hoffnungen und Träume anvertrauen? Wie werde ich ‚den Richtigen‘ treffen, wenn ich mit den Augen des Glaubens sehe? Braucht Gott denn nicht Unterstützung bei der Verwirklichung meiner Träume? Muss ich nicht zur richtigen Zeit am richtigen Ort sein? Wie soll ich ‚dem Richtigen‘ begegnen, wenn ich nicht dort auf der Bildfläche erscheine, wo er sich vielleicht aufhält? Ich habe das dringende Bedürfnis, wie eine Verrückte zur nächsten Party zu stürmen oder auf das College mit den meisten ungebundenen Männern zu gehen.“ Solche angstvollen Gedanken beruhen auf Furcht, nicht auf Glauben. „Der Glaube löscht Fragen nicht aus. Doch der Glaube weiß, wohin er sie bringen kann.“[2] Du kannst sagen, dass du Glauben hast, aber dennoch ausschließlich praktische Schritte unternehmen. Trifft das auf dich zu? Was ist das Gegenteil von Glauben? Furcht. Wer sollte das besser wissen als der Feind? Im Innersten seines Wesens verlangt es ihn danach, dich durch seine Lügen von Gottes Bestem für dich fernzuhalten. Satan möchte, dass du die Lüge glaubst, die den Glauben verstümmelt: Man kann Gott nicht trauen.

Wenn wir Augen des Glaubens haben wollen, kann es sein, dass wir eine geistliche Augenwäsche brauchen, um den Staub zu entfernen, den der Feind in unsere Augen gestreut hat. Die Frau des Glaubens wird manches Mal erleben, dass ihre Augen des Glaubens zu blinzeln beginnen und in das ängstliche Zucken einer unsicheren, fleischlichen Sichtweise verfallen. Sie kann ihre Unsicherheit ihrem himmlischen Verlobten gegenüber zugeben und er kann das zuckende Auge beruhigen. Wenn wir etwas qualitativ hochwertige Zeit im Wort verbringen, so ist das die beste Augenwäsche für die Augen des Glaubens.

Römer 10, 17 sagt: „Also ist der Glaube aus der Verkündigung, die Verkündigung aber durch das Wort Christi." Eine Frau des Glaubens verbringt vielleicht viele Wochenenden ohne Verabredung, obwohl sie in eine mit Männern gut versorgte Gemeinde geht. Sie kann in dieser schwierigen Situation nur gelassen bleiben, wenn sie ihre Augen des Glaubens fest auf die wichtigste Beziehung gerichtet hält – die zu ihrem himmlischen Bräutigam. Keine Verabredungen zu haben, ist eine verbreitete Art von Staub, der die Augen des Glaubens irritiert, doch eine ordentliche Augenwäsche – qualitativ hochwertige Zeit mit Jesus und in seinem Wort – ist immer wirksam.

Göttlich geführte Zusammentreffen

Im Gegensatz zur manipulierten „zufälligen Begegnung" der alleinstehenden Orpa, erlebte Rut ein göttlich geführtes Zusammentreffen, das nicht nur ihren Familienstand, sondern auch die biblische Geschichte beeinflusste. An diesem ersten Morgen in Bethlehem machte Rut zufällig Halt auf einem Feld, das Boas gehörte. Interessanterweise besuchte Boas „zufällig" am selben Tag genau dieses Feld, auf dem Rut die liegen gebliebenen Ähren auflas. Ihr Treffen war weder ein Zufall noch das Produkt weiblicher Manipulation. Stattdessen war es das Werk eines souveränen Gottes.

In seiner Voraussicht leitete Gott Rut auf das Feld des Boas. Du findest dieses göttlich geführte Zusammentreffen im zweiten Kapitel des Buches Rut beschrieben. In Vers 3 heißt es: „Und sie traf zufällig das Feldstück des Boas." Das Wort „zufällig" bedeutet im Hebräischen „auf jemanden oder etwas stoßen". Das lässt keinen Raum für Manipulationen. Sie hatte eine Gelegenheit, und diese Gelegenheit brachte sie in das Zentrum des Willens Gottes und geradewegs auf das Feld des Boas. Boas war wohlhabend und noch zu haben. Rut hatte keine Pläne, als sie auf sein Feld stieß. Ruts Augen des Glaubens führten sie an genau den Platz, an dem sie ihrem „Richtigen", Boas, begegnen sollte. Der Name Boas bedeutet „starke Säule". (Beachte den Gegensatz zum Namen ihres ersten Mannes, Machlon, der „schwach und kränklich" bedeutet! Gott belohnte Ruts Glauben mit einem Ehemann, der eine „starke Säule" war.)

Wenn Jesus möchte, dass du heiratest, wird er die Planung des Zusammentreffens in die Hand nehmen. Du hast nichts zu befürchten – außer vielleicht, dass du ihm in die Quere kommen und versuchen könntest, das Drehbuch selber zu schreiben, anstatt dich an seines zu halten. Jesus will tatsächlich nur das Beste für dich. Er sehnt sich danach, dich zu segnen, indem er dir das Beste gibt. Manchmal ist das, was du für das Beste hältst, nichts weiter als eine Billigversion. Vergleiche einmal in deinen Gedanken seine Weisheit und Liebe mit deiner Weisheit und Selbstliebe. Auf wen wirst du vertrauen? Auf den, der die umfassende Weisheit und die ewige Liebe in Person ist, oder auf dein gutes altes begrenztes Ego? Seit den Tagen im Garten Eden kommt in den Frauen immer wieder das Gefühl auf, sie könnten und sollten genauso viel wissen wie Gott. Viel von dem Schmerz in unserer Welt rührt daher, dass wir uns lieber auf unsere eigene Weisheit verlassen als auf die unseres Vaters.

Begegnungen über Kontinente hinweg

Eine hübsche Stewardess gab ihren weltlichen Beruf auf und ging als Missionarin nach Deutschland. Während sie dem Herrn eifrig diente, zuckten ihre Augen des Glaubens ab und zu, da sich die Tatsache, dass es keine Heiratskandidaten – insbesondere keine englischsprachigen – gab, bedrohlich vor ihr aufbaute. Auf einer Bibelkonferenz lernte sie einen alleinstehenden jungen Mann kennen, der dem Herrn auf der anderen Seite der Welt diente. Eigene Klugheit und fleischliche Sicht hätten ihn als einen unwahrscheinlichen Kandidaten eingestuft, doch trotz der weiten Entfernung begann eine Liebesbeziehung und schließlich heirateten die beiden. Heute dienen sie dem Herrn gemeinsam auf den Philippinen.

Deine Umstände und dein geografischer Aufenthaltsort gefährden nicht Gottes Ziele und Pläne für dich. So, wie Gott Eva zu Adam, Rebekka zu Isaak, Rut zu Boas und eines Tages die Braut Christi zu sich selbst führen wird, wird er „den Richtigen" zu dir bringen, wenn du heiraten sollst. Dieser Satz gilt, wie einzigartig deine Situation auch sein mag. Der Ort und die Art deiner Beschäftigung bringen dich vielleicht nicht in Kontakt mit heiratsfähigen gläubigen

Männern, aber diese Hindernisse sind kein Problem für Gott. Immer wieder hatten wir das Vorrecht, zu sehen, wie Gott einen wunderbaren gläubigen jungen Mann in das Leben einer Frau des Glaubens brachte. Er schien plötzlich einfach aus dem Nichts aufzutauchen.

Eine junge Frau besuchte jahrelang treu ihre Gemeinde. Oft brauchte sie jemanden, der sie daran erinnerte, dass „er einfach noch nicht da" war. Gott brachte ihren Boas vom anderen Ende des Landes an ihren Wohnort in Florida. Diese alleinstehende junge Frau hatte in Bezug auf ihre Augen des Glaubens ein Sehvermögen entwickelt, das über 100 Prozent hinausging. Viele Tränen des Glaubens hatten den Sand weggewaschen, der sie oft dazu gebracht hatte, sich zu fragen, ob sie wohl jemals heiraten würde. Sie nutzte diese Zeiten des Zweifels, um im Glauben zu wachsen, indem sie sich dem Herrn zuwandte, der die Planung ihrer zukünftigen Segnung in die Hand nahm.

Gott brachte seine beste Wahl für eine Frau vom kalifornischen Escondido ins afrikanische Kenia, wo sie dem Herrn diente. Es gab dort keine Männer, die in Frage gekommen wären, aber sie war deshalb nicht besorgt. Nach einer gelösten Verlobung und einigen Jahren, in denen sie lediglich wenig zufriedenstellende Verabredungen gehabt hatte, hatte sich Vivian entschieden, nach Afrika zu gehen, um dort Missionarskinder zu unterrichten. Kurz bevor sie nach Kenia reiste, nahm sie an einem Bibelkurs teil, in dem sie einen wunderbaren jungen Christen namens David traf. Wäre sie nicht in derselben Woche nach Kenia aufgebrochen, hätten die beiden Zeit gehabt, sich besser kennen zu lernen. Frustriert von der Tatsache, einen solch feinen jungen Christen kurz vor ihrem Aufbruch ans andere Ende der Welt zu treffen, folgte Vivian dem Herrn mit den Augen des Glaubens nach Afrika. Wie wenig ahnte sie doch, welches Drehbuch Gott für sie vorbereitet hatte. Mitten in ihrem ersten Dienstabschnitt auf dem Missionsfeld kam ein Konstruktionsteam aus den USA, um an der Schule, an der sie unterrichtete, Bauarbeiten vorzunehmen. Rate, wer in diesem Team war? Richtig: David! Er und Vivian lernten sich nicht nur besser kennen, sie heirateten auch gleich in Kenia. So wie Jesus David zu Vivian brachte, kann er dir deinen Lebenspartner bringen, wo immer du auch leben magst.

Die beispielhaftesten Frauen des Glaubens sind diejenigen, die die zehn Prinzipien dieses Buches in ihrem Leben anwenden – und immer noch alleine leben. Sie haben ihre Sehnsucht nach einem Ehemann nicht betäubt, stattdessen haben sie ihren Herrn so fest in die Arme geschlossen, dass sie über die Tatsache, immer noch nicht verheiratet zu sein, Frieden haben und nicht verbittert sind.

Eine Frau namens DeDe hat während ihres mehr als vierzigjährigen Singledaseins immer darauf vertraut, dass ihr himmlischer Bräutigam sie gut versorgt. Sie hat nie aufgehört, sich einen Mann und Kinder zu wünschen, aber darauf liegt nicht ihr Hauptaugenmerk. Ihr Hauptaugenmerk richtet sie auf das „tägliche Bündel“, das Gott ihr gibt. Ihre „täglichen Bündel“ sind bestimmte Aufträge, die Menschen in ihrer Welt zu lieben und zu ermutigen. Anstelle eines eigenen kleinen Baby-Bündels gibt ihr der Herr die Kinder anderer Leute (sie ist Konrektorin an einer christlichen Schule), um sie zu lieben und zu ermutigen. Sie hat keinen Ehemann, um den sie ihre Arme legen könnte, aber sie hat Lehrer, die sie umarmen und denen sie aufmunternde Botschaften zustecken kann, wenn sie müde und erschöpft sind. Diese Frau des Glaubens erfreut nicht nur ihren himmlischen Bräutigam, sie ist auch ein Segen für die Braut Christi.

Hast du gezögert, eine neue Arbeit anzunehmen oder in die Auslandsmission zu gehen, weil du Angst hattest, „den Richtigen“ zu verpassen? Hast du Gelegenheiten verstreichen lassen, in einer anderen Kinderdienstabteilung zu dienen, weil du dachtest, dir würde dort der Mann deiner Träume entgehen? Wenn du dabei bist, die Planung des göttlich geführten Zusammentreffens selbst in die Hand zu nehmen, steuerst du vielleicht geradewegs auf eine herbe Enttäuschung zu. Egal wo du bist und unter welchen Umständen du lebst – ob du geschieden, verwitwet oder ein Single bist, der jeden Tag älter wird –, sei dir sicher, dass Gott weder deine Adresse verloren noch deine Akte verlegt hat. Er weiß genau, wo du stehst und was du brauchst. Denke daran, dass er sich bereits um das gekümmert hat, was du am dringendsten brauchst – um deine Errettung –, und dass uns Römer 8, 32 wie folgt sagt: „Er, der doch seinen eigenen Sohn nicht verschont, sondern ihn für uns alle hingegeben hat – wie wird er uns mit ihm nicht auch alles schenken?"

Jesus im Glauben dein Leben zu geben, ist die wichtigste Entscheidung, die du zu treffen hast. Die zweitwichtigste Entscheidung betrifft deinen Lebenspartner. Auch diese Entscheidung verlangt das Element des Glaubens. Auf seinen Lebenspartner zu warten und dann „Ich will" zu ihm zu sagen, verlangt starken Glauben – wie den Glauben Ruts an den Gott Israels.

Wenn du in Bezug auf deinen zukünftigen Partner voller Zweifel und Ängste bist, nimm dir vor dem Weiterlesen ein paar Minuten Zeit, um Gott deine Zweifel zu bekennen und den Heiligen Geist zu bitten, in deinem Leben Glauben wachsen zu lassen. Gott freut sich über deinen Glauben während dieser Wartezeit.

Hab keine Angst vor den Wartezeiten in deinem Leben und lehne sie nicht ab. Sie sind die Gärten, in denen die Samen des Glaubens aufblühen. Wenn gewisse Umstände dich anregen, deinen Glauben zu vertiefen, dann weise sie nicht von dir, nimm sie stattdessen bereitwillig an. Elisabeth Elliot schreibt in ihrem Buch *Passion and Purity (Eine harte Liebe. Zwischen Reinheit und Leidenschaft;* ein Buch, das man unbedingt gelesen haben muss, wenn man während ausgedehnter Wartezeiten zu Panik neigt):

> *Ich weiß sehr wohl, dass man bereit sein muss, Unsicherheit zu ertragen, wenn man auf Gott wartet. Man muss bereit sein, die unbeantwortete Frage in sich zu tragen und das Herz mit dieser Frage zu Gott zu erheben, wenn sie sich ins Bewusstsein drängt.*[3]

Wann immer die „unbeantwortete Frage" dein Denken gefangen nimmt oder du von der Rastlosigkeit des Singledaseins überrollt wirst, nimm dir einen Moment Zeit, um diese Sorge dorthin zu schicken, wo sie hingehört. Wie der 1. Petrusbrief 5, 7 sagt: „Indem ihr alle eure Sorge auf ihn werft! Denn er ist besorgt für euch." Die Angst davor, keinen Lebenspartner zu finden, drängt sich zwar oft auf, hat aber keine reale Grundlage. Sie ist vielmehr eine Schwäche, mit der die „größere Realität" sehr wohl umzugehen weiß. Geh einfach zu Jesus, wenn sie sich wieder aufdrängen will. Wenn du dir das zur Gewohnheit machst, wirst du zu einer noch stärkeren Frau des Glaubens werden. Viele alleinstehende Frauen haben nicht erkannt, dass die schwierige, frustrierende Wartezeit der perfekte Unterrichtsraum für die Frau voller Glauben ist. Schwänze nicht die Schule! Nimm all die Abende an, die ohne Verabredung bleiben, und ruhe im Vertrauen auf Gottes Treue.

Wie man eine Frau voller Glauben wird

Gehe ausgewählte Psalmen durch und kreise die Worte, die „vertrauen" und „sich verlassen auf" beschreiben, rot ein. Sieh, wie David auf Gott vertraute.

Diese Übung wird deine Augen des Glaubens stärken. Auf welche beiden anderen Arten kannst du deinen Glauben stärken?

____

____

Kannst du sehen, was eine starke Gottesbeziehung mit dem Leben als Frau des Glaubens zu tun hat? Lies Römer 10, 17.

____

____

____

Kannst du eine Parallele zwischen deiner eigenen Glaubensreise und deiner täglichen Stillen Zeit mit Gott sehen?

____

____

____

Lies Hebräer 11 und unterstreiche alle Verben. Gehe den Text dann nochmals durch und bekenne: „Im Glauben kann ich _______" und fülle die Lücke mit den Verben aus den einzelnen Versen.

Fällt dir irgendetwas ein, das du nicht im Glauben tun könntest?

____

____

____

____

Kannst du darauf vertrauen, dass Gott dich mit deinem Boas zusammenbringen wird?

____

____

____

Womit hast du auf deinem Weg des Glaubens zu kämpfen?

____

____

____

Erkläre, wie du dazu neigst, deine Verabredungen mit Männern herbeizubasteln und/oder wie du Gott die Gelegenheit geben kannst, deine himmlische Partnervermittlung zu werden.

____

____

____

Kannst du erkennen, dass eine ausgedehnte Zeit als Single eine großartige Gelegenheit sein kann, zu einer Frau des Glaubens heranzureifen? Erläutere das.

4

Eine tugendhafte Frau

Was schenkt uns ew'ge Freude
und überströmend Kraft?
Das ist es, was der selt'ne Schatz
der Tugend in uns schafft.

JMK

Eines der schönsten und kostbarsten Dinge der Welt verdankt seine Existenz etwas, das schmerzt und lästig ist: die Perle. Ein kleines Sandkorn schlüpft unter die Schale einer Auster und beginnt, an ihrem weichen Gewebe zu reiben. Das verursacht eine Reizung. Auf diese Reizung reagiert die Auster, indem sie eine harte Substanz produziert. Diese Substanz verwandelt sich langsam zu etwas, was zu den schönsten Juwelen der Welt zählt – zu einer wunderschönen, schimmernden Perle. In der Tat ist die Perle umso wertvoller, je größer die Reizung war.

Wie die Auster erlebte auch Rut in ihrem jungen Leben viele „Reizungen", viele Prüfungen. Sie trauerte um ihren Schwiegervater und ihren Ehemann. Tapfer ertrug sie es, dass ihr Leben in einer völlig anderen Richtung verlaufen und sie mit ihrer verbitterten Schwiegermutter in ein fremdes Land ziehen sollte. Mit ihrer Ankunft in diesem merkwürdigen Land hörten die Prüfungen nicht auf. Sie wurde unverzüglich in eine neue Arbeitsumgebung mit völlig fremden Menschen geworfen, die andere Gewohnheiten hatten als sie. In dieser aufreibenden Zeit begann ihr neuer Glaube, sich um die schwierigen Situationen zu legen. Als Nebenprodukt kam eine Perle aus dem „Waschbecken" Moabs heraus.

Viele alleinstehende Frauen sehen sich als hässliche Austerschalen, die an den Stränden des Lebens liegen, besetzt mit all den Prüfungen und Problemen, die ein Leben ohne Ehemann mit sich bringt. Um alles noch schlimmer zu machen, vergleichen sie ihre verkrustete Hülle mit all den wunderschönen Muscheln um sie herum und fragen sich, warum wohl jemals ein Mann gerade ihnen seine Aufmerksamkeit schenken sollte.

Wenn du eine von diesen Frauen bist, dann lasse dich ermutigen. Sieh die Herausforderungen, die das Singledasein mit sich bringt, nicht als lästige Sandkörner an, die man so schnell wie möglich loswerden sollte. Erkenne, dass Gott sie eingesetzt hat, um etwas Wunderschönes in dir zu schaffen. In Jakobus 1, 2–4 heißt es: „Haltet es für lauter Freude, meine Brüder, wenn ihr in mancherlei Versuchungen geratet, indem ihr erkennt, dass die Bewährung eures Glaubens Ausharren bewirkt. Das Ausharren aber soll ein vollkommenes Werk haben, damit ihr vollkommen und vollendet seid und in nichts Mangel habt."

Gott gebraucht den Sand des Singledaseins, um dich zu vervollkommnen und zu vollenden. Er formt „Charakterperlen" in deinem Leben. Er weiß, dass du alles, was du einsetzt, um einen Mann „einzufangen", auch einsetzen musst, um ihn zu halten. Wenn du einen Mann nur mit deinem Äußeren anziehst, steuerst du auf Schwierigkeiten zu, denn dein Äußeres ist der Vergänglichkeit unterworfen. Früher oder später fangen wir alle an, den Austern zu ähneln. Wie dein Inneres aussieht, ist deshalb von wesentlich größerer Bedeutung als dein Äußeres.

Denken wir noch einmal an unsere Frau ohne Prinzen. Wie konnte Rut die Aufmerksamkeit von Boas erlangen? War es ihr prachtvolles Haar oder ihre schönen Augen? Nein! Die Antwort finden wir in Boas' Antwort auf ihre Frage im zweiten Kapitel des Buches Rut.

> *Da fiel sie auf ihr Angesicht und warf sich zur Erde nieder und sagte zu ihm: Warum habe ich Gunst gefunden in deinen Augen, dass du mich beachtest, wo ich doch eine Fremde bin? Da antwortete Boas und sagte zu ihr: Es ist mir alles genau berichtet worden, was du an deiner Schwiegermutter getan hast nach dem Tod deines Mannes, dass du deinen Vater und deine Mutter und das Land*

deiner Verwandtschaft verlassen hast und zu einem Volk gegangen bist, das du früher nicht kanntest.

Rut 2, 10–11

Boas wurde von der Tugend und der Charakterstärke angezogen, die in Ruts Leben zu sehen waren. Eine tugendhafte Frau ist für einen gottesfürchtigen Mann unwiderstehlich.

Auf einer Konferenz für Singles sprach die Frau eines Pastors über ihre Kindheit. Sie wuchs mit einem strengen Alkoholiker als Vater auf. Er ließ die Familie völlig mittellos zurück, als sie gerade das Teenageralter erreicht hatte. Ihre äußere Erscheinung war sehr einfach, denn sie konnte sich keine schönen Kleider, Make-up oder teure Friseurbesuche leisten. Sie hatte nur wenig Zeit, um Kontakte zu knüpfen, da sie arbeiten musste, um ihre Familie zu unterstützen. Anstatt wegen der Ablehnung, die sie erfahren hatte, bitter zu werden oder frustriert zu sein, weil sie Mangel an materiellen Dingen und zu wenig Freizeit hatte, vertraute sie darauf, dass Gott sich um sie kümmern würde. Sie entwickelte ein starkes Gebetsleben und bat Gott, sie schön zu machen. Sie arbeitete hart und wurde stark im Glauben, während sie darauf vertraute, dass Gott ihr alles geben würde, was sie brauchte.

Ihr Zeugnis war bewegend, aber der wahre Höhepunkt kam, als am nächsten Tag ihr Mann hinter das Rednerpult trat. Er sagte: „Was meine Aufmerksamkeit erregte, war der Charakter meiner Frau. Ihre innere Schönheit war unwiderstehlich. Heute, dreißig Ehejahre und ein halbes Dutzend Kinder später, fühle ich mich noch mehr zu ihr hingezogen und bin noch verliebter in sie als damals, als ich ihr zum ersten Mal begegnet bin.“ Diese Frau zog die Aufmerksamkeit ihres Ritters durch ihren beständigen, gottesfürchtigen Charakter auf sich. Weil sie zuließ, dass Gott vor der Ehe in ihr die entsprechenden Eigenschaften entwickelte, sind ihre Ehe und ihr Dienst heute noch immer stark und gesegnet.

Eine hässliche Austernschale ist nicht der Ort, an dem man ein kostbares Juwel vermuten würde, aber in Jesaja 55, 8 heißt es: „Denn meine Gedanken sind nicht eure Gedanken, und eure Wege sind nicht meine Wege.“ Du siehst vielleicht eine hässliche Schale, aber Gott sieht die Schönheit, die er in dir schafft. Macht der Sand des Singledaseins dich verbittert oder lässt du diese Herausforderung dich in eine Perle verwandeln? Der Herr möchte, dass du eine tugendhafte Frau bist – eine kostbare, wunderschöne Perle, die von allen bewundert wird.

Die Falle der körperlichen Schönheit

Die Welt hat viele Christen davon überzeugt, dass der einzige Weg, die Aufmerksamkeit eines Mannes zu erlangen, ein traumhafter Körper ist. Hollywood hat die Lüge verbreitet, dass eine Frau nie den Mann ihrer Träume bekommen wird, wenn sie nicht hübsch genug, schlank genug oder groß genug ist, oder wenn ihre Wangenknochen nicht hoch genug stehen. Die meisten Frauen, die keine Verabredungen haben, denken, dass ihr Spiegelbild die Ursache dafür sei. In der Folge geben die Frauen jedes Jahr Millionen Euro aus, weil sie dem Mythos Glauben schenken, ein schöner Körper sei eine Voraussetzung zum Heiraten.

Das Buch der Sprüche beschreibt, wie eine charakterschwache Frau die Aufmerksamkeit eines Mannes auf sich zieht. Sie wird unter anderem damit beschrieben, eine glatte Zunge, einen fesselnden Blick und überredende und verführerische Worte zu gebrauchen (siehe Spr. 5, 3 und 6, 24–25 und 7, 21). Die Techniken, die die moderne Frau heute anwendet, haben sich seit dem ersten Mal, als eine Frau die Seele eines Mannes verführte, nicht verändert. Das gesamte Augenmerk liegt auf den oberflächlichen Äußerlichkeiten einer Frau – Äußerlichkeiten, die mit jedem Tag, der vergeht, verblassen. Viele Frauenmagazine verherrlichen diese Techniken, statt über ihre bitteren Ergebnisse zu berichten. Eine Ehe, die nur auf der Basis äußerer Schönheit geschlossen wurde, kann in Unzucht und letztlich in Scheidung enden, sollte jemand mit einem noch schöneren Körper den Weg eines der Partner kreuzen.

Das Wort Gottes warnt Frauen sehr deutlich davor, in die Falle der körperlichen Schönheit zu tappen. „Macht euch keine Sorgen um äußere Schönheit, die auf modischen Frisuren, teurem Schmuck oder schönen Kleidern beruht" (1. Petr. 3, 3; *NL)*. Auch wenn geflochtenes Haar und Goldschmuck an sich nicht falsch sind, findet man wahre Schönheit einfach nicht im Äußeren. Dieser Vers sagt nicht, dass ein vernachlässigtes Äußeres ein Beweis für Gottesfurcht ist. Einige Frauen gehen fälschlicherweise davon aus, dass man so wirken muss, um heilig zu sein. Das stimmt nicht. Frauen sollten versuchen, so gut wie möglich auszusehen. Dieser Vers fordert dich nur dazu auf, nicht alle deine Energien in die Bemalung deiner Außenseite zu stecken und in der Folge die bleibenden Qualitäten zu vernachlässigen, die in deinem Inneren entwickelt werden sollten.

Der Schlüssel zur Schönheit liegt in 1. Petrus 3, 4 *(NL):* „Eure Schönheit soll von innen kommen – das ist die unvergängliche Schönheit eines freundlichen und stillen Herzens, das Gott so sehr schätzt." Diese Art Schönheit wird mit zunehmendem Alter nur noch intensiver. Wie Jackie es einmal ausdrückte: „Wenn ein Mann mich wegen meiner äußeren Schönheit wählen würde, wäre es sein Schicksal, einmal eine Backpflaume zu umarmen. Wenn mich ein Mann aber wegen meiner inneren Schönheit wählt, wird er – dank Jesus – selbst die späten Jahre der Ehe mit einer unvergänglichen Schönheit verbringen."

Wenn du die tüchtige Hausfrau aus Sprüche 31, 10–31 ansiehst, wirst du Gottes Vorstellung von einer schönen Frau erkennen. Ihre Beschreibung ist 20 Verse lang. Nur ein Vers geht auf ihr äußeres Erscheinungsbild ein. Wenn du ein Zwanzigstel deiner Zeit auf äußere Schönheit und die anderen neunzehn Zwanzigstel auf die Entwicklung der anderen Qualitäten verwenden würdest, die Gott als schön beschreibt, wie zum Beispiel Weisheit, Güte und Gottesfurcht, dann würdest du zu der tüchtigen Frau werden, die ein Mann gemäß Sprüche 31, 10 zu finden versuchen sollte.

Erinnerst du dich an die Worte von König Salomon in Sprüche 31, 30 *(Hfa)* über die äußere Betonung von Anmut und Glamour? „Anmut kann täuschen, und Schönheit vergeht wie der Wind – doch wenn eine Frau Gott gehorcht, verdient sie Lob!" Es gibt viele Frauen, die Pickel, Falten, schlaffe Oberschenkel und Krähenfüße fürchten, doch sehr wenige Frauen fürchten wirklich den Herrn.

Womit ziehst du die Männer um dich herum an? Mit den Fallen aus Sprüche 5, 6 und 7 oder mit der Schönheit aus 1. Petrus 3, 4?

Eines Königs würdig

Wenn du dir den perfekten Mann vorstellst – wie schaut dein Prinz aus? Siehst du einen Mann, der sich Gott hingegeben hat? Einen Mann mit Charakter, lernfähig, loyal, treu, sanft und gütig? Welche Art Frau wird dieser gottesfürchtige Mann deiner Meinung nach heiraten wollen? Eine oberflächliche Frau, eine Frau voller Charme, die weiß, wie sie sich richtig kleidet und wie sie auf die richtige Weise die Aufmerksamkeit anderer Männer bekommt? Wird er mit einer oberflächlichen Frau eines Tages den Rest seines Lebens verbringen wollen – und sie zur Mutter seiner Erben machen? Auf keinen Fall!

Wenn du einen Prinzen heiraten willst, musst du zuerst eine Prinzessin werden. Wenn du in eine adelige Familie einheiraten willst, musst du dich entsprechend vorbereiten. Sogar Diana, die Prinzessin von Wales, musste eine Phase des Wartens und Vorbereitens durchmachen, bevor sie Prinz Charles heiraten konnte. Sie musste lernen, wie man sich ordentlich benimmt, kleidet und ausdrückt, damit sie der königlichen Familie Ehre machen würde. Sollte es da verwundern, dass eine himmlische Prinzessin sich innerlich auf die Berufung vorbereiten muss, der sie ihr Leben widmet? Wenn du es dir zum Ziel machst, einen Charakter zu entwickeln, der Gott gefällt, wird Christus dich in die wunderschöne Prinzessin verwandeln, als die er dich geschaffen hat.

Rut ist nicht das einzige biblische Beispiel einer solchen Frau, die sich zu einer kostbaren Perle Gottes entwickelte. Denke nur an die Geschichte der anmutigen Rebekka im ersten Buch Mose.

> *Und das Mädchen war sehr schön von Aussehen, eine Jungfrau, und kein Mann hatte sie erkannt. Sie stieg zur Quelle hinab, füllte ihren Krug und stieg wieder herauf. Da lief ihr der Knecht entgegen und sagte: Lass mich doch ein wenig Wasser aus deinem Krug schlürfen! Und sie*

sagte: Trinke, mein Herr! Und eilends ließ sie ihren Krug auf ihre Hand herunter und gab ihm zu trinken. Und als sie ihm genug zu trinken gegeben hatte, sagte sie: Auch für deine Kamele will ich schöpfen, bis sie genug getrunken haben. Und sie eilte und goss ihren Krug aus in die Tränkrinne, lief noch einmal zum Brunnen, um zu schöpfen, und schöpfte so für alle seine Kamele. Der Mann aber sah ihr zu, schweigend, um zu erkennen, ob der Herr seine Reise würde gelingen lassen oder nicht. Und es geschah, als die Kamele genug getrunken hatten, da nahm der Mann einen goldenen Ring, ein halber Schekel sein Gewicht, und zwei Spangen für ihre Handgelenke, zehn Schekel Gold ihr Gewicht; und er sagte: Wessen Tochter bist du? Sage es mir doch! Gibt es im Haus deines Vaters Platz für uns zu übernachten? Da sagte sie zu ihm: Ich bin die Tochter Betuels, des Sohnes der Milka, den sie dem Nahor geboren hat. Und sie sagte weiter zu ihm: Sowohl Stroh als auch Futter ist bei uns in Menge, auch Platz zum Übernachten.

1. Mose 24, 16–25

Männer waren in Rebekkas Dorf, das hauptsächlich von seinen Schafherden lebte, dünn gesät. Verschärfend kam hinzu, dass sie ganztags als Schafhirtin für ihren Vater arbeitete! Wenn du die Geschichte durchliest, wirst du klare Anzeichen dafür finden, dass Rebekka mehr tat, als „nur zu warten". Beachte die liebenswerten Eigenschaften, die sie für ihren unbekannten Ritter (Isaak) entwickelte.

1. Mose 24, 15–16 zeigt, dass sie eine tüchtige Arbeiterin war, die mit einem „Krug auf ihrer Schulter" die Schafe ihres Vaters versorgte. Sie war auch „eine Jungfrau, und kein Mann hatte sie erkannt". Sie hatte sich nicht mit dem Zweitbesten begnügt, um ihre Wartezeit abzukürzen. Sie befand sich unter der Autorität ihres Vaters und vertrat in seinem Haus seine Interessen. Ihr Respekt anderen gegenüber ist an der Güte zu sehen, mit der sie einem Fremden begegnete. In Vers 18 sagt sie: „Trinke, mein Herr!" Dann heißt es: „Und eilends ließ sie ihren Krug auf ihre Hand herunter und gab ihm zu trinken." Sie war keine langsame, bequeme Frau, sondern eine, deren Cha-

rakter es entsprach, jemandem, der in Not war, hilfreich zur Seite zu stehen. Sie hatte einen Charakter, der dem Wert von „Rubinen" entsprach. In Sprüche 31, 20 heißt es: „Ihre Hand öffnet sie dem Elenden und streckt ihre Hände dem Armen entgegen."

Rebekka ließ es auch nicht bei einer guten Tat bewenden. „Auch für deine Kamele will ich schöpfen, bis sie genug getrunken haben" (1. Mo. 24, 19). Rebekka ergriff die Initiative und diente, auch wenn sie nicht darum gebeten wurde. Sie diente auch nicht, um andere zu manipulieren. Sie verfolgte keinen Plan, um einen Mann zu bekommen. Sie bot ihre Dienste an und tat die Arbeit mit freudigem Herzen –, aber nicht, um dadurch die Aufmerksamkeit eines jungen Mannes auf sich zu ziehen. Sie behandelte einen verschwitzten alten Reisenden und seine staubigen, mürrischen Kamele deshalb so gut, weil es ihrem Charakter entsprach! Sie war aufmerksam genug, um die Nöte in ihrer Umgebung zu bemerken, und versuchte, ihnen zu begegnen. Sie machte keine halben Sachen und bot ihnen nicht nur einen Schluck Wasser an – sie wartete, bis alle genug getrunken hatten. Beachte ihre Sorgfalt in Vers 20: „Und sie eilte und goss ihren Krug aus in die Tränkrinne, lief *noch einmal* zum Brunnen, um zu schöpfen, und schöpfte so für alle seine Kamele." Sie war eine großzügige, freigiebige Frau. In 1. Mose 24, 25 heißt es: „Und sie sagte weiter zu ihm: Sowohl Stroh als auch Futter ist bei uns in Menge, auch Platz zum Übernachten."

Der Knecht hatte die Frau für den Sohn seines Herrn ausschließlich aufgrund ihres tugendhaften Charakters gefunden. Sie war nicht einmal in Isaaks Gegend und versuchte auch nicht krampfhaft, ihn zu treffen. Sie war mit den Schafen ihres Vaters beschäftigt, doch Gott brachte sie zusammen. Als der Knecht seine Absichten offenbarte und sie in 1. Mose 24, 54–57 aufforderte, mit ihm zu gehen, da wusste Rebekka, dass der Herr sie in seiner Schule vorbereitet hatte, und sie war bereit. Ihre Antwort war: „Ich will gehen" (1. Mo. 24, 58). Bist du dabei, eine tüchtige Frau zu werden, die ein Mann als Gehilfin brauchen kann? Nutzt du diese Zeit, um einen Lebensstil zu entwickeln, der Gott gefällt, damit du bereit bist, wenn du gefragt wirst? Ob du einmal heiraten wirst oder nicht – jede Frau sollte danach trachten, Christus ähnlich zu werden.

Rebekkas Geschichte schließt mit dem perfekten Ende für eine Liebesgeschichte. „Und Isaak … erhob seine Augen … Rebekka erhob ihre Augen und sah Isaak. Da glitt sie vom Kamel … Dann führte Isaak sie in das Zelt seiner Mutter Sara … und sie wurde seine Frau, und er gewann sie lieb“ (1. Mo. 24, 63–64+67).

Hätte sich Isaak wohl so zu Rebekka hingezogen gefühlt, wenn sie nicht diesen gottgefälligen Charakter entwickelt hätte? Vielleicht für eine Weile, aber im Zusammenleben in der Ehe kommt der wahre Kern des Mannes und der Frau zum Vorschein. Das kann entweder eine wunderbare Erfahrung oder ein schreckliches Erwachen bedeuten. Gott wünscht sich, dass jeder Mann und jede Frau die eigenen inneren Qualitäten entwickelt, sodass im Laufe der Jahre die Liebe wächst und tiefer wird, während die äußerliche Schönheit welkt. Bist du dabei, dich zu einer Frau zu entwickeln, die in der Lage ist, glücklich bis an ihr Lebensende zu leben?

Um die Wahrheit zu sagen

Es gibt also zwei Arten, um einen Mann auf sich aufmerksam zu machen. Die erste Art ist die „Falle der körperlichen Schönheit“, die seine Aufmerksamkeit durch das äußere Erscheinungsbild erregt. Dies ist eine Falle, da Äußerlichkeiten nicht von Dauer sind. Sie sind oberflächlich. Bei der zweiten Art geht es um das, was Boas auf Rut aufmerksam werden ließ und Isaak zu Rebekka zog. Eine tugendhafte Frau wird auffallen, weil man sie für ihren gottesfürchtigen Charakter bewundert. Sei ehrlich. Welche der beiden Arten ist deine Art? Mache den folgenden Test. Sieh nach, welche Schlagworte in jeder Spalte dich am besten beschreiben. Schreibe am Ende jeder Spalte auf, wie viele Eigenschaften auf dich zutreffen, und finde heraus, ob du daran arbeitest, deine innere oder deine äußere Schönheit zu entwickeln.

Die tugendhafte Frau	Die äußerliche Frau
X ist jemand, der alle Menschen anzieht.	__ ist nur zu denen nett, die ihr zu Verabredungen verhelfen.

X sucht zuerst den Willen Gottes.	__ sucht zuerst eine Beziehung.
X ist interessant, hat Ziele für das persönliche Leben.	__ ist bekannt dafür, nach einem Mann zu suchen.
X ist auf dem Weg, zu der Frau zu werden, die sie nach Gottes Plan sein soll.	X wartet darauf, gefunden zu werden.
X ist realistisch.	__ lebt in einer romantischen Fantasiewelt.
X ist wirklich an der Person, mit der sie eine Verabredung hat, interessiert und will ihr Bestes.	X denkt bei einer Beziehung an ihre eigene Zukunft.
X fordert andere geistlich heraus.	__ ist aufregend sinnlich.
X bietet anderen ihre Freundschaft an.	__ erwartet Freundschaft von anderen.
X kommuniziert mit Worten.	__ kommuniziert über ihr Äußeres.
X ist entschlossen, Gott zu vertrauen.	X hängt sich an einen Mann.
X ist bereit, dauerhafte Freundschaften zu schließen.	__ spielt mit Menschen.
X ist offen für andere Freundschaften.	__ ist besitzergreifend.
X ist sicher im Herrn.	X fühlt sich ohne ihren Traummann unsicher.
X Entwickelt positive Eigenschaften.	X will ihren Traummann sofort.

X vertraut auf Gott.

__ wartet geduldig.

Erreichte Punkte: 15
_____ /16
(Gesamtzahl der Eigenschaften)

X vertraut auf ihre schlauen Pläne, um an einen Mann zu kommen.

X ist „auf der Jagd".

Erreichte Punkte: 7
_____ /16
(Gesamtzahl der Eigenschaften)

Wie hast du abgeschnitten? Erlaubst du dem Heiligen Geist, die Sandkörner des Singledaseins zu verwenden, um in dir die unbezahlbaren Perlen eines tugendhaften Charakters zu formen?

Eine Perlenkette aufreihen

Die Eigenschaften, die in Rut und Rebekka zu sehen waren, kommen nicht vom Juwelier, sie werden auch nicht dadurch aktiviert, dass dir jemand einen Verlobungsring an den Finger steckt. Tugend entwickelt sich mit der Zeit, wenn du dem Geist Gottes erlaubst, in deinem Leben zu arbeiten.

Es ist der Heilige Geist, nicht du selbst, der den gottesfürchtigen Charakter hervorbringt, den du suchst. Diese „Charakterperlen" sind in Galater 5, 22–23 aufgelistet: „Liebe, Freude, Friede, Langmut, Freundlichkeit, Güte, Treue, Sanftmut, Enthaltsamkeit." Während sich diese Eigenschaften entwickeln, wird dein Leben zu einer wunderschönen Kette, auf der die Perlen eines gottesfürchtigen Charakters aufgereiht sind.

Galater 5, 19–21 beschreibt dagegen einige der Perlen, die sich viele Singles aussuchen, um ihr Leben damit auszuschmücken. Das sind „Unzucht, Unreinheit, Ausschweifung, Götzendienst, Zauberei, Feindschaften, Streit, Eifersucht, Zornausbrüche, Selbstsüchteleien, Zwistigkeiten, Parteiungen, Neidereien, Trinkgelage, Völlereien und dergleichen." Wenn du eine tugendhafte Frau sein möchtest, haben diese Perlen auf deiner Kette nichts verloren. Wenn du siehst, dass du eine schlechte Perle in deiner Reihe hast, muss sie entfernt und durch eine Charaktereigenschaft ersetzt werden, die Gott gefällt.

Um die schlechte Perle zu entfernen, musst du die Sünde bekennen, die diese unattraktive Eigenschaft hervorgebracht hat. Sei ehrlich mit dir selbst, und wenn dir Gott eine Sünde zeigt, dann darfst du sie weder vertuschen noch entschuldigen. Sei präzise. Anstatt beispielsweise zu sagen: „Vergib mir meine vielen Sünden", sage „Herr, ich war neidisch auf ______________. Vergib mir, dass ich auf das geschaut habe, was du *ihr* gegeben hast, anstatt dir für das zu danken, was du mir gegeben hast." Wenn du die Perle, die deine innere Schönheit schmälert, genau beschrieben hast, empfange Gottes Vergebung. Sein Wort sagt: „Wenn wir unsere Sünden bekennen, ist er treu und gerecht, dass er uns die Sünden vergibt und uns reinigt von jeder Ungerechtigkeit" (1. Jo. 1, 9). Du musst dich nicht länger mit Gefühlen der Verdammnis oder Schuld herumschlagen, denn „So fern der Osten ist vom Westen, hat er von uns entfernt unsere Vergehen" (Ps. 103, 12).

Wenn du Gottes Vergebung angenommen hast, bitte den Herrn, dich von allem zu reinigen, was als Auslöser für die Sünde fungiert hat. Neid kommt zum Beispiel oft daher, dass man sich mit anderen vergleicht oder dass man ein undankbares Herz hat. Das tiefer liegende Problem muss gelöst werden, wenn der Neid endgültig überwunden werden soll. Wenn dein Herz nicht von diesen tief sitzenden Dingen gereinigt wird, wirst du ständig vor Gott auf den Knien liegen und ihn um Vergebung bitten, weil du dauernd mit der Sünde des Neides zu kämpfen hast.

Diese tief sitzenden Dinge können durch die Kraft des Heiligen Geistes in Angriff genommen werden. Er gibt uns die Kraft, die wir brauchen, um gegen die Dinge vorzugehen, die schlechte Perlen hervorbringen. Galater 5, 16 spricht davon, wenn es dort heißt: „Wandelt im Geist, und ihr werdet die Begierde des Fleisches nicht erfüllen." Wie wandelt man nun im Geist und wie bekommt man Zugang zu dieser Kraft, die Perlen hervorbringt? Es gibt drei Schriftstellen, die uns darüber Aufschluss geben.

Die erste ist Epheser 4, 30. Dort heißt es: „Und betrübt nicht den Heiligen Geist Gottes.“ Du betrübst den Geist Gottes, wenn du beschließt, etwas zu denken, zu sagen oder zu tun, das Gott verärgert. Wenn du Zugang zu der Kraft bekommen möchtest, die Perlen hervorbringt, musst du dich zuerst entschließen, ein Leben zu führen, das deinem Herrn in jeder Hinsicht gefällt. Richte dein Herz darauf aus, ihn zu erheben – von dem Moment, in dem du morgens aufwachst, bis zum Schlafengehen am Abend.

Den zweiten Vers finden wir im 1. Thessalonicherbrief 5, 19. Er sagt: „Den Geist löscht nicht aus!“ Wenn wir „auslöschen“ hören, denken wir an Wasser, das auf ein Feuer gegossen wird. Wenn der Geist Gottes dich dazu drängt, etwas zu tun, dann solltest du diesem Eindruck Ausdruck verleihen. Gieße kein kaltes Wasser darauf, indem du seine Führung ignorierst. Er kann dich zum Beispiel dazu drängen, jemandem etwas Gutes zu tun, dich davon abhalten, etwas zu sagen, was du gerade sagen wolltest, oder dich anleiten, einen Freund in Nöten zu ermutigen. Worum immer es auch geht – du solltest versuchen, Gottes Geist in dir in jedem einzelnen Moment zu gehorchen.

Zur Frage, wie wir in diese Kraft eintreten, die Perlen hervorbringt, heißt es schließlich in Epheser 5, 18: „Werdet voller Geist.“ Wenn etwas gefüllt werden soll, muss es erst leer sein. Um vom Geist erfüllt zu sein, musst du leer von deinem Ego und voll von Gott sein. Du gibst dem Heiligen Geist vollständige und absolute Kontrolle über dein Leben. Als du Christ wurdest, bekamst du alles vom Heiligen Geist. Um eine tugendhafte Frau zu sein, musst du dem Heiligen Geist alles von dir überlassen.

Es gibt viele nachgemachte Perlen, aber mit der Zeit bekommt die glänzende Perlenfarbe Sprünge und blättert ab. Alles, was übrig bleibt, ist eine unansehnliche Perle, die an einer Schnur hängt. Gottes Geist jedoch schafft die wahre innere Schönheit, während du deine Sünde bekennst, dich bemühst, den Geist Gottes nicht zu betrüben, auch auf das leiseste Drängen von seiner Seite reagierst und dem Heiligen Geist die ganze Kontrolle über dein Leben gibst.

Die Perlen eines gottesfürchtigen Charakters brauchen Zeit um zu wachsen, doch wie gesegnet ist die Frau, die sich mit ihnen schmückt.

Du kannst dich mit einer falschen Kette aus nachgemachten Perlen zufriedengeben, indem du Charakterzüge, die nicht dem Wesen Gottes entsprechen, einfach übertünchst. Du kannst aber auch dem Heiligen Geist erlauben, die Sandkörner des Singledaseins zu gebrauchen, um etwas Echtes in dir zu schaffen. Wenn du eine billige Imitation haben möchtest, wird eine Schule für Models, die dir vermittelt, wie man seine Reize einsetzt, für deine Zwecke genügen. Wenn du aber echte Perlen willst, musst du dem Heiligen Geist erlauben, in deinem Leben etwas Besonderes zu wirken. Fasse den festen Entschluss, eine „Kette der Tugend" aus wunderschönen Perlen aufzureihen – als einen Schatz für deinen Herrn.

Die Perle

Jeder Auster ist es gegeben
ein Ding von seltener Schönheit zu weben.
Die Wahrheit – wie ein Sandkorn so klein,
kann der Anfang des Perlenrunds sein.

Junge Frau, man hat dich verlacht.
„Du hättest nicht sein sollen" zu dir gesagt.
Du möchtest nur laufen, verstecken den Schmerz,
mit blutendem, wundem, zerrissenem Herz.

Gott macht keine Fehler – er hat es erdacht,
und jedes Leben besonders gemacht.
Denke du nur immer daran,
dass ein Same auch im Sand keimen kann.

Für den Geist unsres Gottes öffne dich weit,
die Gnade, die Reife, sie wächst mit der Zeit.
Werde zu der, als die er dich im Sinn,
deine Schönheit und Kraft liegen tief in dir drin.

Du, junges Mädchen, und du, junge Frau,
mach dein Herz auf für den Herrn,

und er wird sorgen, wenn du es erlaubst,
dass die Perle wird sichtbar von fern.

Sylvia Hannah

Wie man eine tugendhafte Frau wird

Sieh dir das Leben von Rebekka in 1. Mose 24 an und schreibe alle Charaktereigenschaften auf, die dort beschrieben sind. Welche davon müssen sich in dir noch entwickeln? Wähle eine dieser Eigenschaften aus und beschreibe, was genau du tun möchtest, um die Entwicklung in deinem Leben zu sehen.

____

____

____

Welche Bücher, die sich mit den Tugenden/der Disziplin einer gottesfürchtigen Frau beschäftigen, hast du gelesen? Wie viele Zeitschriften hast du dagegen gelesen, in denen es um den äußeren schönen Schein geht? Welche guten Bücher kannst du zu lesen beginnen, die dir helfen werden, in deinem eigenen Leben vermehrt Gottesfurcht zu entwickeln?

____

____

____

Wähle ein Bild einer Frau aus, die, wenn man den in Zeitschriften üblichen Maßstab anlegt, „alles hat“. Welche Eigenschaften kannst du sehen? Was benutzt sie, um anziehend zu wirken? Worin liegt die Gefahr, wenn du dich mit solchen Bildern vergleichst?

____

____

____

Lies Sprüche 31. Bekenne im Gebet: „Vater, es entspricht nicht deinem Plan, mich ‚per Knopfdruck' perfekt zu machen. Deshalb entschließe ich mich heute, mit dem Heiligen Geist zusammenzuarbeiten, damit du mich zu einer tugendhaften Frau machen kannst. Zeige mir aus deinem Wort eine Eigenschaft in Sprüche 31, die ich noch entwickeln muss." (Wie zum Beispiel Disziplin, Sorgfalt, Güte, Freigiebigkeit, Fleiß.) Bete einen Monat lang über diese Eigenschaft, bevor du dich etwas anderem zuwendest.

Untersuche die „Kette", die du aufreihst, indem du sie im Lichte von Galater 5, 16–24 überprüfst. Wie viele schlechte Perlen siehst du auf deiner Kette? Bekenne diese Sünden und bitte Gottes Geist, dich auf diesen Gebieten zu lenken. Triff dich wöchentlich mit einer gottesfürchtigen Freundin, die für dich betet, bis die schlechten Perlen durch hochwertige ersetzt sind.

5

Eine hingegebene Frau

Beim Empfang auf der Hochzeit ihrer jüngeren Schwester zogen viele Gäste Brenda immer wieder mit verschiedenen Bemerkungen auf. Sie hörte Kommentare wie: „Immer die Brautjungfer, nie die Braut! Wann kommst du endlich an die Reihe? Das einzige Mädchen in Papas Haus, das noch nicht verheiratet ist!" Obwohl diese Kommentare wahrscheinlich nur aus Spaß oder sogar aus Mitleid kamen, waren sie nicht weise. Das Sperrfeuer dieser Worte richtete entsprechendes Unheil an. Es ist schwer genug für eine alleinstehende Frau, ihr Hauptaugenmerk auf die richtigen Dinge zu legen, auch ohne Freunde, die unüberlegte Kommentare abgeben. Wie viel besser wäre es für eine solche Frau, wenn man sie ermutigen würde, ihre ungeteilte Hingabe weiterhin dem Herrn Jesus zu widmen, anstatt ihr das Gefühl zu geben, nicht ganz dem Standard zu entsprechen. Wenn Jesus unter den Gästen gewesen wäre, hätte er sie sicher dafür gelobt, dass sie ihre Zeit als Single so gut wie möglich nutzte.

Viel zu oft sehen die Menschen eine alleinstehende Frau als jemanden an, der bemitleidenswert und nicht beneidenswert ist. Diese Auffassung entspricht nicht im Geringsten der Wahrheit. Eine alleinstehende Frau hat den Vorteil, ihre Liebesbeziehung zu Jesus entwickeln zu können, und das ohne einen Ehemann oder eine Familie, die ihr Herz unweigerlich ablenken würden.

Das war von Anfang an Gottes Plan. Er schuf die Frau mit großer Sorgfalt, damit sie ihn lieben und den Segen seiner Gemeinschaft erfahren konnte. In jenen ersten Tagen konnte Eva mit Gott auf der Basis unbeschreiblicher Gemeinschaft und Einigkeit kommunizieren. Wenn Gott in der Kühle des Tages kam, um spazieren zu gehen, gab es keine Furcht, nur Liebe. Evas Gefühle gegenüber Gott waren ausschließlich positiv. Sie liebte ihn und sie wusste, dass er sie liebte. Sie genoss seine Gegenwart und wollte ihm von ganzem Herzen wohlgefallen.

Gott sehnt sich noch heute danach, Frauen zu kennen und von ihnen gekannt zu werden. Doch weil die Sünde in die Welt kam, haben wir von dem wahren Gott kein klares Bild mehr. „Satans erste Attacke gegen die Menschheit war sein schlauer Versuch, das Vertrauen Evas in die Güte Gottes zu zerstören."[1] Satan erzählte Eva Lügen über den Charakter Gottes. „Hat Gott wirklich gesagt ...?" (1. Mo. 3, 1). Seit dieser Zeit hat Satan die Töchter Gottes belogen. Als Ergebnis davon konnte die Angst oft Frauen von dem Einen fernhalten, der sie mit der Liebe liebt, die sie brauchen. Tief in der Seele jeder Frau gibt es immer noch diese Sehnsucht nach der sanften Umarmung des wahren Gottes, nicht des Gottes, den der Feind geschickt konstruiert hat.

Boas sprach von Ruts Hingabe an Gott, als er sagte: „Der Herr vergelte dir dein Tun, und dein Lohn möge ein voller sein von dem Herrn, dem Gott Israels, zu dem du gekommen bist, um unter seinen Flügeln Zuflucht zu suchen!" (Rt. 2, 12). Rut beschloss, sich an Noomis Gott zu hängen und ihn zu ihrem eigenen zu machen, obwohl ihre Schwiegermutter mit ihren Worten ein negatives, hartes Bild von ihm gezeichnet hatte. „Sie aber sagte zu ihnen: Nennt mich nicht Noomi, nennt mich Mara! Denn *der Allmächtige* hat mir sehr bitteres Leid zugefügt. Voll bin ich gegangen, und leer hat mich der Herr zurückkehren lassen. Warum nennt ihr mich Noomi, da der Herr gegen mich ausgesagt und der Allmächtige mir Böses getan hat?" (Rt. 1, 20–21).

Würdest du gerne einem Gott wie dem von Noomi dein Leben anvertrauen? In ihrer Verbitterung bezeichnete sie Gott nicht mehr als „den Herrn", wie sie es noch in den Versen 8 und 9 getan hatte, sondern mit einem Titel, der einen Menschen dazu bringen kann, sich entfremdet und unbedeutend zu fühlen – „der Allmächtige". Obwohl Rut an Noomi hing wie an einer Mutter, übernahm sie nicht das Gottesbild ihrer Schwiegermutter. „Wenn wir ihn (Gott) für kalt und berechnend halten, werden wir es unmöglich finden, ihn zu lieben, und unser Leben wird von ängstlicher Unterwürfigkeit geprägt sein."[2]

Deine früheren Erfahrungen, deine jetzigen Umstände, die Hingabe – oder der Mangel an Hingabe – deiner Eltern können in dir ein falsches Bild von Gott erzeugen. Aber nichts und niemand kann dir ein klareres Bild des wahren Gottes vermitteln, als wenn du unter seine Flügel schlüpfst und für dich selbst entdeckst, wer Gott wirklich ist: die Zuflucht, nach der du dich sehnst. Er sehnt sich danach, dass du wieder „in den Garten" kommst und in vollkommener Gemeinschaft mit ihm wandelst. Das ist Hingabe in ihrer Vollendung.

Als alleinstehende Frau hast du die wunderbare Gelegenheit, deine Zeit zu nutzen, um deine Gemeinschaft mit Gott zu fördern. Wenn du jemanden liebst, gibst du ihm dein Herz, den Mittelpunkt deines Wesens. Gott bittet um nichts weniger. Er wünscht sich ein vollkommen hingegebenes Herz. In 5. Mose 6, 5 heißt es, dass du ihn mit deinem ganzen Herzen (tiefster Hingabe), deiner ganzen Seele (deinen Gefühlen und Gedanken) und deiner ganzen Kraft (deiner Stärke und Energie) lieben sollst.

Viele Frauen sind heute hingegeben, das ist wahr! Sie haben sich dem Ziel verschrieben, eine Liebesbeziehung aufzubauen –, aber keine mit dem Herrn. Irrtümlicherweise versuchen sie, Liebe in Gefühlen und Versprechungen zu finden. Die weltliche Version von Liebe ist etwas, das einem in den Schoß zu fallen verspricht. Währenddessen flieht die wahre Liebe von ihnen. Wahre Liebe ist nur in der unbeirrbaren Hingabe an Jesus Christus zu finden.

Um ihn so lieben zu können, musst du ihn sehr gut kennen. Paulus drückte sein Verlangen, Gott zu kennen in Philipper 3, 10 aus. Im Griechischen bedeutet dieses „erkennen" „ein Wissen, das das Subjekt vollkommen mit dem Objekt vereinigt".[3] Paulus sehnte sich danach, Gott auf innige Weise zu kennen. Der 2. Petrusbrief 1, 3 sagt, dass wir alles zum Leben und zur Gottseligkeit haben „durch die *Erkenntnis*" seines Wesens. Petrus und Johannes wurden in Apostelgeschichte 4, 13 als ungebildete Männer bezeichnet, doch die Menschen beobachteten ihre Zuversicht und ihre Hingabe an den Herrn und staunten. Wir lesen, dass daran ersichtlich wurde, dass diese Männer ihn kannten, dass sie mit Jesus gewesen waren. Dieses Kennen hat dieselbe Tiefe wie der Ausdruck in 1. Mose 4, 1, wo die Schrift von der innigen Beziehung Evas spricht, als sie ihren Mann „erkannte". Es ist ein persönliches, inniges Kennen. Ist deine Hingabe an Gott so beschaffen, dass die Menschen darüber staunen, wie gut du ihn kennst? Kennst du Gott auf eine Weise, die ihn zu einem intimen, persönlichen Teil deines Wesens macht – wie du es dir von dem Mann, den du eines Tages heiraten möchtest, wünschst?

Als Frau wurdest du mit dem Verlangen geschaffen, erkannt zu werden – nicht nur auf körperliche oder allgemeine Art, sondern in deiner Tiefe erkannt und innig geliebt. Wenn du darauf hoffst, dass ein Mann eines Tages dein Herzensverlangen nach Intimität erfüllen wird, wirst du enttäuscht werden. Gott kennt deine tiefste Sehnsucht nach inniger Liebe. Nur er, der deine Seele liebt, kann diese Sehnsucht zur Gänze erfüllen. Dein himmlischer Vater hat dich mit Bedacht geschaffen – mit Bedürfnissen, die nur Gott völlig verstehen und erfüllen kann. Wenn du ihn so kennen lernst, wie er wirklich ist, wird er dein Bedürfnis nach Liebe erfüllen.

Dein himmlischer Vater ist außerstande, Böses zu tun. Er liebt dich und vergibt und vergisst Sünden und Übertretungen, die du bekennst, völlig. Ist das der Gott, den du kennst? Du meinst vielleicht, Gott zu kennen, aber deine Reaktionen auf Gott führen dich in die Irre. Wenn du aus Angst zurückweichst, Dinge zu verbergen versuchst, Ausreden vorbringst, wenn du Dinge tust, bei denen du das Gefühl hast, dass Gott sie nicht mag, dann zeigt das, dass deine Erkenntnis über Gott, wie die von Noomi, falsch ist. Gott ist weder übersensibel noch selbstsüchtig oder launisch.

Hast du dich schon manchmal schuldig gefühlt, weil du den Eindruck hattest, du würdest dich nicht genug bemühen, Gott zu gefallen? Hast du das Gefühl, dass die Waage der Erwartung eindeutig in den negativen Bereich kippt und du einen Ausgleich schaffen musst? Hast du das Gefühl, nie genug tun zu können, um dafür zu bezahlen, dass du einfach nicht vollkommen sein kannst? Dann hast du ein falsches Gottesbild. Es ist nicht schwer, Gott zu gefallen. Er freut sich an seiner Schöpfung und bemerkt sofort auch die leiseste Anstrengung, die wir unternehmen, um ihm zu gefallen (siehe Ps. 103, 11–14).

Hast du das Gefühl, dass Gott zu viel von dir verlangt? Hast du das Gefühl, dass Gott dir die Dinge verwehrt, die du am nötigsten brauchst? Wenn das so ist, dann kennst du Gott nicht wirklich. Psalm 103, 8–14 räumt mit solchen falschen Vorstellungen über Gott auf. Ist es so, dass du schon viel zu lange mit Lügen über Gott lebst? Lerne ihn kennen.

Gott möchte dir Gutes tun, nicht Böses. Jeremia 29, 11 sagt, dass er dir eine Hoffnung und eine Zukunft geben möchte. Ist dein falsches Gottesbild eine Erfindung des Feindes, um dich der Wahrheit über Gott und seiner Liebe zu berauben? Lass dich nicht verführen wie Eva im Garten. Lerne den einen kennen, den dein Herz wirklich lieben möchte. Um Gott zu lieben, musst du ihn auf innige Weise und persönlich kennen und dich ihm hingeben. Das bedeutet nicht, dass du in ein Kloster eintreten musst. Du lernst ihn kennen, indem du ihn suchst.

Auf der Suche nach der wahren Liebe

Gott zu suchen, ist ganz ähnlich, wie eine Freundschaft zu entwickeln. Man redet viel, man hört zu, man schreibt sich gegenseitig Briefe, man denkt aneinander, man findet heraus, was der andere mag oder nicht mag, und man versucht, die Dinge zu tun, die dem anderen gefallen. Je mehr Zeit ihr miteinander verbringt, umso besser wirst du den anderen kennen lernen. Und je besser du den anderen kennen lernst, desto größer wird deine Liebe sein. Genau so funktioniert es in deiner Beziehung mit Gott.

Jeremia 29, 12–13 verheißt, dass eine Frau, die Gott eifrig und mit ganzem Herzen sucht, ihn auch finden wird. Dein Herz ist der Schlüssel zur Hingabe an Gott. Wenn du Gott finden willst, musst du ihn mit ganzem Herzen suchen. Eine halbherzige Suche reicht nicht aus. Das bedeutet, dass du nicht Gott suchen kannst, während du dein eigenes Ding durchziehst.

Verlangt Gott zu viel von dir, wenn er möchte, dass du ihn mit ganzem Herzen suchst? Keineswegs! Denke einmal über Folgendes nach: Eines Tages taucht „der Richtige" auf und beginnt, dir zu erzählen, wie sehr sein Herz dir hingegeben ist. Er sagt die Worte, auf die du gewartet hast: „Ich liebe dich. Ich gebe dir mein ganzes Herz. 364 Tage im Jahr werde ich mich ausschließlich dir allein widmen." Doch dann fügt er hinzu: „Allerdings möchte ich mich an *einem* Tag im Jahr mit anderen Frauen treffen und sehen, was ich versäumt habe. Keine Sorge, *all* die andere Zeit gehört dir. Wirst du mich heiraten?

Wie würde deine Antwort aussehen? Würde dir diese Art Hingabe gefallen? Wäre es selbstsüchtig von dir, ihm den Wunsch abzuschlagen, sein Herz nur für einen Tag im Jahr an andere zu hängen? Nein! Absolut nicht. Du würdest seine völlige Liebe und Hingabe wollen. Du würdest sein Herz an allen 365 Tagen des Jahres wollen. In gleicher Weise bedeutet es, dass du nicht frei bist, dein Herz (auf götzendienerische Weise) an andere Dinge oder Menschen zu verschenken, die in dein Leben kommen, wenn du Christus dein Herz gegeben hast. Du kannst nicht einen Teil deines Herzens in Beziehungen investieren, an denen du weltlichen Gefallen findest, und Gott immer noch mit *ganzem* Herzen suchen. Du kannst nicht einen Teil deines Herzens zurückbehalten, weil vielleicht noch etwas nachkommen könnte, das dir besser erscheint. Hingabe an den Herrn Jesus Christus bedeutet, alles zu geben – alles andere wäre nichtig. Wenn du Christus dein Leben gibst, bedeutet das, dass du dich seiner Herrschaft ernsthaft unterordnest. Christus liebt dich und hat sich dir völlig hingegeben. Widme dich von ganzem Herzen der Aufgabe, ihn ebenso zu lieben und seine Gegenwart zu genießen –, und zwar 365 Tage im Jahr!

Wenn du Gott wirklich ganz persönlich kennen lernen willst, musst du ihn nicht nur mit ganzem Herzen, sondern auch mit einem reinen Herzen suchen. Wenn du an das Wort „Braut" denkst, stellst du dir wahrscheinlich zuerst eine schöne, strahlend reine Frau in Weiß vor. Kein Fleck und kein Schmutz stört dieses Bild der Reinheit. Als Christ bist du ein Teil der Braut Christi. Jeder Schmutz und jeder Fleck wird dein Bild vor ihm stören.

Die Verlobte des Herrn muss ein reines Herz haben. Du musst jeden Sündenfleck beseitigen, der sich zwischen dich und deinen himmlischen Geliebten stellt. Sünde veranlasst Gott dazu, vor jemandem zurückzuweichen. Sünde ekelt ihn an; er wird sich nicht in ihrer Gegenwart aufhalten. Stelle dir ein Paar vor, das sich sehr liebt. Er liebt es, ihr nahe zu sein – so nahe, dass er den frischen Duft ihres süßen Atems riechen kann. Welche Liebe! Doch er hasst den Geruch von Zwiebeln, besonders im Atem seiner Geliebten. Es widert ihn wirklich an. Was denkst du, wird sie tun, bevor sie ihn trifft, wenn sie Zwiebeln gegessen hat? Nun, sie würde nicht wollen, dass irgendetwas ihre süße Zweisamkeit stört, und deshalb alles wegputzen, was ihn abstößt. Und sie wird nicht nur putzen, sondern das ganze Programm mit Mundwasser und Zahnseide durchziehen. Sie möchte ihren Geliebten nicht abstoßen! Sie möchte nicht, dass irgendetwas zwischen ihnen steht. Sünde ist für Gott bei Weitem abstoßender als Zwiebelgeruch für einen Geliebten. Wenn du möchtest, dass deine Hingabe an Gott vollständig ist, darfst du nicht oberflächlich an der Sünde herumputzen. Stell dich dazu und bekenne sie, mache alles vollständig sauber. Wenn du im Laufe des Tages merken solltest, dass du an geistlichem Mundgeruch leidest, kümmere dich sofort darum. Psalm 51, 12 soll dein Gebet sein: „Erschaffe mir, Gott, ein reines Herz, und erneuere in mir einen festen Geist!"

Viele suchen Gott, doch sie sehen dabei nur auf seine Hände. Sie wollen weniger Gott selbst als vielmehr seine Gaben, wie zum Beispiel einen Mann, Glück oder eine Familie. Diese unreine Suche nach Gott beschränkt sich auf das, was für dich dabei herausschaut. Sie zeugt eher von Selbstliebe als von der Liebe zu Gott. Am Ende dieser Suche wird die Unzufriedenheit stehen, nicht die Einheit und Liebe, die du suchst. Du kannst Gott nicht wie deine Kreditkarte benutzen. Er kennt deine Motive. Wenn du mehr von Gott erkennen möchtest, musst du Gott auf die richtige Art und Weise suchen – und dafür brauchst du ein reines Herz.

Eine Frau mit einem Herzen, das vor Gott rein ist, sieht nicht zuerst auf seine Gaben, sondern freut sich an Gottes Wesen. Sie sucht Gottes *Angesicht*, nicht nur seine *Hände*. Würdest du jemanden mögen, der dir nur sagt, dass er dich liebt, damit du etwas für ihn tust? Um Gott zu finden, müssen wir ihn aus reinen Motiven suchen. Suche ihn seines Wesens wegen, nicht wegen dem, was er für dich tun kann.

Hast du jemals versucht, eine enge Beziehung mit Paula Plappertasche aufzubauen? Sie ist ein Mädchen, das viel zu sagen hat und sich selber gerne reden hört. Du versuchst, etwas zu sagen, wenn sie gerade Atem holt – was selten genug der Fall ist –, doch sie redet in einem fort weiter. Sie hört niemals zu. Ein Gespräch mit ihr läuft immer nur in eine Richtung, und du bleibst außen vor. Auch wenn dir jemand sehr am Herzen liegt, wird sein beständiger Monolog dich nicht sehr begeistern. Es ist wichtig, zuzuhören, wenn man eine gewisse Nähe zu einem Menschen schaffen will. Wenn du den Herrn kennen lernen willst, musst du ihn nicht nur mit ganzem und völlig reinem Herzen suchen, du brauchst auch ein hörendes Herz.

Wenn du in deiner täglichen Stillen Zeit Gemeinschaft mit Gott hast, übe dich darin, ihm zuzuhören, während du von seiner Liebe und seinen Gedanken über dich in der Bibel liest. Denke über das nach, was er dir persönlich sagt. Bleibe still und schreibe auf, welche Eindrücke dein hörendes Herz aufnimmt. Wenn du die Bibel – Gottes Liebesbriefe – liest und studierst, wirst du anfangen, zu erkennen, was er wirklich über dich denkt und was für wunderbare Pläne er für dich hat. Die Folge wird sein, dass deine Hingabe immer größer wird.

Um Gott zu finden, musst du ihn mit ganzem Herzen suchen – mit einem völlig reinen und hörenden Herzen. Hebräer 11, 6 *(EÜ)* sagt, dass Gott „denen, die ihn suchen, ihren Lohn geben wird". Beschreibt das deine wachsende Beziehung mit dem Herrn?

Das Singledasein muss nicht unbedingt ein Fluch sein. Alleinstehende Frauen sind nicht dazu verpflichtet, mit langen Gesichtern herumzulaufen und sich bemitleiden zu lassen, bis sie endlich verheiratet sind. Ganz im Gegenteil! Als Single bist du in einer bevorzugten Position, weil du sehr wahrscheinlich viel mehr Zeit hast, um den Herrn zu suchen, als du jemals als verheiratete Frau haben wirst.

Eine günstige Position

Verheiratete Frauen kämpfen ständig damit, dass sie körperlich und emotional mit den Ansprüchen, die an sie gestellt werden, fertig werden müssen. Alle Frauen müssen lernen, ihre Prioritäten richtig zu setzen, aber das Herz der alleinstehenden Frau wird nicht von den Bedürfnissen eines Ehemannes und der Kinder in verschiedene Richtungen gezerrt.

Eine junge Mutter wird vielleicht vor Sonnenaufgang vorsichtig die Stufen hinunterschleichen und in einem Stapel unbeantworteter Briefe und Schulaufgaben nach ihrer Bibel suchen. „Ah! Ein bisschen ungestörte Zeit“, flüstert sie, während sie ihre Bibel öffnet. Zu ihrem Verdruss hört sie ein Stimmchen vom oberen Ende der Stiege: „Ist es schon Morgen?“ Sie legt ihre Bibel zur Seite und fordert das Frühaufsteherchen flüsternd auf, leise herunterzukommen. Sie lädt es ein, sich mit seinem Lieblingsbuch hinzusetzen, greift wieder nach ihrer Bibel und beginnt, zu lesen (während der Junior beim Lesen Tierlaute nachmacht). Plötzlich ist von oben ein plätscherndes Geräusch zu hören: „Oh nein, Mami! Ich hab das Töpfchen nicht getroffen und da ist es auf mich draufgekippt.“ Sie rennt die Stiegen hinauf, um das triefende Opfer zu befreien, den Boden zu wischen, das Schulkind zu wecken und für alle das Frühstück zu machen.

Ihr Mann braucht einen neuen Knopf auf dem Hemd, Hilfe bei der Schlüsselsuche und Mittagessen heute eine Stunde früher. Die Kinder brauchen einen Schiedsrichter, einen Chauffeur, eine Krankenschwester – und ihre Sportsachen müssen sofort gewaschen werden. Sie bahnt sich ihren Weg durch Berge von Schmutzwäsche, die sich im Schlafzimmer angesammelt haben, stolpert über das Spielzeug im Vorzimmer und schiebt Zeitungen und Malbücher zur Seite, um für eine Minute auf die Couch zu sinken – nur um vom Geschrei der Kinder wieder aufgeschreckt zu werden: Der erste Bürgerkrieg des Tages hat begonnen! Anrufe und unangemeldete Besucher sorgen im Lauf des Tages immer wieder für Unterbrechungen. Als sie sich endlich ans schmutzige Geschirr machen kann, ist es Mitternacht … und was war mit ihrer ungestörten Stillen Zeit? Wenn sie als alleinstehende Frau weise war und ihre Zeit als Single genutzt hat, um in ihrer Stillen Zeit eine Beziehung mit Gott aufzubauen, hat sie Ressourcen, die es ihr erlauben, auch an den heftigsten Tagen mit Gott zu kommunizieren. Für eine Ehefrau/Mutter kann der Tag früh beginnen und spät enden, und das oft, ohne dass sie eine ungestörte Zeit gehabt hätte, um die wahre Liebe ihres Herzens zu suchen. Eine alleinstehende Frau kann sich dazu entscheiden, sich über ihre Zeit als Single zu freuen, anstatt unglücklich zu sein.

Das Wort Gottes zeigt die günstige Position der alleinstehenden Frau in Bezug auf ihre Lebensumstände. „Die unverheiratete Frau aber und die Jungfrau sorgen sich um die Sache des Herrn, um heilig zu sein an Leib und Geist. Die Verheiratete sorgt sich um die Dinge der Welt; sie will ihrem Mann gefallen“ (1. Kor. 7, 34; *EÜ)*.

Gott sagt, dass die unverheiratete Frau einen Vorteil hat, wenn es um ihre Hingabe an den Herrn geht. Eine unverheiratete Frau kann dem Herrn geben, was der verheirateten nur selten möglich ist – ungestörte Zeit. Wenn man sich eine beständige Stille Zeit mit dem Herrn angewöhnen möchte, kann man damit nicht bis zur Eheschließung warten. Viele alleinstehende Frauen verschwenden wertvolle Jahre, weil sie darauf warten, „dass das Leben beginnt“ – nach der Hochzeit. Du kannst jede beliebige Ehefrau fragen. Auch wenn sie keine Kinder hat, wird sie dir von ihren vielen Alltagsverpflichtungen erzählen. Einer verheirateten Frau fällt es oft schwer, Zeit für sich allein zu finden – geschweige denn Zeit allein mit Gott.

Man wird nicht nebenbei zu einer Frau, die sich ganz der Aufgabe widmet, Gott zu lieben, zu kennen und zu suchen. Du bist diejenige, die bestimmt, wie tief deine Beziehung zu Gott sein soll. Er hat keine Lieblinge. Du musst dich entscheiden, dem, der deine Seele liebt, zu folgen – deinem himmlischen Verlobten.

Eine alleinstehende Frau, die sich entschlossen hatte, ihre Zeit als Single zu nutzen, schrieb das folgende Gedicht:

Das Geschenk des Singleseins

Gesegnet bist du, wenn du lebst allein,
sprich nicht von Sorge und Leid.
Für vieles kannst du dankbar sein,
weißt du denn nicht Bescheid?

Es ist kein Fehler, kein Versehn
in Gottes großem Plan,
dass du noch nicht gefunden hast
die richtige Frau, den richtigen Mann.

Gott liebt dich so und hat viel mehr
zu geben, als man denkt.
Halt daran fest und glaube nur,
dass er das Beste schenkt.

Er selbst ist das Beste, bist du davon erfüllt,
oder hast nur ein bisschen geschaut?
Kein Mann kann dir geben, was Gott für dich hat,
und auch keine liebliche Braut.

Ist dein Leben nicht ganz? Jesus ist es sehr wohl,
und er wird auch dein Leben erfüllen,
wenn du täglich den ersten Platz ihm einräumst
und du lebst, um zu tun seinen Willen.

Was du brauchst, um dem Herrn dich zu geben,
damit hat er dich reichlich versorgt.
Nichts sollte dich fernhalten können
von ihm selbst, vom Gebet und vom Wort.

Wenn du die Herzensschranken öffnest
und andren seinen Platz einräumst,
wird Friede, Freude, Hoffnung fliehen,
weil seine Gnade du versäumst.

So gib dein Herz an Gott zurück,
vertrau ihm nur dabei.

Und wenn die Zeit gekommen ist,
macht er aus einem zwei.
Donna L. Mihura

Gott hat dir diese kostbare Zeit als Vorrecht gegeben. Verschwende keinen einzigen dieser Tage. Eine solche Zeit kommt nie wieder. An jedem einzelnen Tag kannst du in den Kammern deines königlichen Vaters auf Schatzsuche gehen. Während du am Fenstersims darauf wartest, dass irgendwo die glänzende Rüstung deines Ritters aufblitzt, darfst du die Juwelen deines Vaters nicht vergessen, die er dir gibt, um dich zu schmücken. Wirst du am Fensterbrett kalt und verbittert werden, oder wirst du – erfüllt von der glühenden Liebe und der Aufmerksamkeit deines Vaters – dein königliches Haupt hochhalten? Prinzessin, die Entscheidung liegt bei dir. Dein Vater wird dich nicht vom Fensterbrett verjagen, aber er sehnt sich nach deiner Gesellschaft. Komm in seine Kammern, erfreue dich an seiner Gegenwart. Mögest du in ihm erfunden werden – als eine hingegebene Frau.

Wie man eine hingegebene Frau wird

Lies 5. Mose 30, 11–20. Welche Vorteile bringt die Hingabe an Christus mit sich?

____

____

____

Welche Warnungen gibt dir Gott bezüglich deines Herzens in 5. Mose 11, 16 und 5. Mose 30, 17? Welche Götter wollen die Aufmerksamkeit deines Herzens auf sich ziehen?

____

____

____

Wie sucht David in Psalm 63 Gott? Was ist seine Belohnung?

Welche Fortschritte macht deine himmlische Liebesbeziehung? Wie kannst du sie verbessern?

Hast du eine Ebene erreicht, auf der deine Beziehung mit Jesus unvergleichlich besser ist als jede irdische Liebesbeziehung?

Stellt dich die Beziehung mit Jesus, die du in deiner Stillen Zeit pflegst, vom Scheitel bis zur Sohle zufrieden?

Versuchst du mit all deiner Kraft, Jesus zu folgen – oder vielleicht doch jedem in Frage kommenden Mann?

Lies Hohelied 6, 1. Bringt deine Liebesbeziehung mit Jesus deine Freunde dazu, ihn auch zu suchen, so wie das Loblied der Sulamith ihre Freunde dazu bewegte? Warum? Warum nicht? Was könntest du anders machen?

Wenn du bis jetzt noch nie eine beständige Stille Zeit mit Gott gehalten hast, dann fange damit an, jeden Tag einen Psalm zu lesen. Nachdem du den Psalm gelesen hast, beantworte die folgenden drei Fragen für dich und halte die Antworten in einem Notizbuch fest:

Was sagt diese Bibelstelle über mich?

Was sagt diese Bibelstelle über den Herrn?

Wie kann ich sie auf mich anwenden?

6

Eine reine Frau

Niemand war überrascht, als Tim und Susan begannen, sich zu verabreden. Sie schienen wie füreinander gemacht. Sie konnten über alles reden und hatten dieselben Ideale in Bezug auf eine starke, christliche Beziehung. Nachdem sie sich ein Jahr lang regelmäßig getroffen hatten, wurde Susan klar, wie sehr sie Tim liebte. Sie wollte seine Frau werden. Sie fing an, ihm ihre Zuneigung auf verschiedene Arten zu zeigen. Sie begannen, sich vorsichtig zu küssen und zu berühren. Sie hatte das Gefühl, das sei in Ordnung. Sie dachte bei sich, dass sie die Situation unter Kontrolle hatte und bis zu ihrer Hochzeit unberührt und rein bleiben wollte.

Hochzeit? Nun, Tim hatte in dieser Richtung noch keine Anstalten gemacht, aber sie fühlte in ihrem Herzen, dass das bald kommen würde.

Ihre vorsichtigen Küsse und Berührungen wurden stärker, aber sie baten sich gegenseitig immer um Vergebung, wenn es zu heftigem Petting gekommen war. Nachdem das einige Monate so gegangen war, bemerkte Susan, dass Tim ihr irgendwie fremd geworden war. Sie fing an, zu denken, dass sie ihm vielleicht ihre Liebe nicht ausreichend genug gezeigt hatte. Vielleicht hinterfragte er ihre Beziehung. Sie fürchtete, ihn zu verlieren, und das hätte sie nicht verkraftet. Er war ihr Ein und Alles.

Susan beschloss, alles zu tun, was notwendig war, um ihn zu halten. Sie fragte sich, ob sie altmodisch war. Schließlich wusste sie, dass sie eines Tages heiraten würden. Vielleicht musste er nur erkennen, wie sehr sie ihm hingegeben war.

Schließlich ging es in ihrer Beziehung immer mehr um den körperlichen Aspekt, bis Susan Tim eines Abends das Geschenk gab, das sie versprochen hatte, bis zu ihrer Hochzeitsnacht verschlossen zu halten. Sie hatte sich vorgestellt, wie stark und rein dieser Moment der Intimität ihre Liebe machen würde. Sicherlich würde er die tiefe Liebe festigen, die sie füreinander empfanden. Es funktionierte nicht.

Der Ausdruck auf Tims Gesicht war nicht mehr sanft. Er schien Susan wie ein Fremder. Ihr Herz erstarb in ihr. Sie waren zusammen – und doch weiter voneinander entfernt als je zuvor. Als er aufstand, um zu gehen, sagte er nichts. Anstatt ihre Liebe zu festigen, hatte dieser eine Akt der körperlichen Zuwendung sie zerstört. In Susan kam der Wunsch auf, ihren Schatz zurückzunehmen. Sie sehnte sich danach, diese Nacht ungeschehen machen zu können. Unglücklicherweise hatte die harte Wirklichkeit gerade erst begonnen.

Die Namen von Tim und Susan sind frei erfunden, aber es ist eine wahre Geschichte – und diese junge Dame ist kein Einzelfall. Es gibt unzählige Frauen, die das Richtige tun möchten, dann aber unweise handeln, indem sie ihre körperliche Reinheit zu früh verschenken. Das Geschenk ist ein Schatz, der zwar wieder verpackt und erneut verschenkt werden kann, aber niemals wieder zum ersten Mal.

Wir leben in einer Zeit eklatanter sexueller Unreinheit. Eine Frau, die als Jungfrau in die Ehe geht, ist heute die Ausnahme, nicht die Regel. Die Statistik sagt, dass 80 Prozent aller unverheirateten Frauen im Alter von 20 Jahren ihre Jungfräulichkeit bereits verschenkt haben.[1] Wie wir lebte auch Rut aus unserer biblischen Geschichte in einer Zeit, in der der moralische Verfall überhandgenommen hatte. Ruts Geschichte spielt sich zu einer Zeit ab, in der die sexuelle Zügellosigkeit in den kleinen landwirtschaftlichen Gemeinschaften Israels gewöhnlich ihren Höhepunkt erreichte. „Unmoralische Praktiken waren zur Erntezeit absolut nicht ungewöhnlich und scheinen sogar durch die in anderen Religionen gebräuchlichen Fruchtbarkeitsriten weite Verbreitung gefunden zu haben.“[2]

In dieser unmoralischen Gesellschaft lebte Rut als eine reine Frau, selbst in einer Situation, die möglicherweise kompromittierend hätte enden können. In Rut 3, 7 heißt es: „Als Boas nun gegessen und getrunken hatte und sein Herz fröhlich wurde, da kam er, um sich am Ende des Getreidehaufens hinzulegen. Da kam sie leise, deckte sein Fußende auf und legte sich hin." Auf den ersten Blick mag das auf dich wie der Beginn einer nicht jugendfreien Szene in Ruts Geschichte wirken. Aber du musst wissen, dass Rut sich einfach an die Gebräuche ihrer Zeit hielt. Sie schlüpfte nicht in Boas' Bett, um ihn zu verführen. Sie folgte den Anweisungen ihrer Schwiegermutter, als sie sich leise zu seinen Füßen legte, damit er sie bemerken sollte. Auf diese Art drückte sie ihre Unterordnung gegenüber Boas, ihrem nächsten Verwandten, aus. Das gab ihm die Gelegenheit, die offizielle Zuständigkeit für das Wohlergehen von Rut und ihrer Schwiegermutter zu erlangen. (In dieser Kultur hatte eine Frau ohne einen Mann keine wie auch immer geartete soziale Sicherheit und nur sehr wenige Rechte.) Dies war kein schamloser Akt der Verführung, sondern ein Akt des Gehorsams gegenüber Gottes Plan für ihre Versorgung. Eines ist gewiss: Als sie nach Hause ging, da tat sie das als eine durch und durch reine Frau.

Auch wenn die Gebräuche, die in Ruts Tagen herrschten, schwer zu verstehen sein mögen – die Versuchung, körperliche Kompromisse einzugehen, kann jeder nachvollziehen. Unglücklicherweise sind viele Frauen den Verführungen des Feindes in die Falle gegangen und ihrer Unschuld beraubt worden. Wie kann eine alleinstehende Frau heute diesen besonderen Schatz bewahren und, wie Rut, am Abend als eine durch und durch reine Frau nach Hause gehen?

Tödliche Verführung

Erinnerst du dich, wie die Schlange Eva täuschte, indem sie sie dazu veranlasste, Gott in Frage zu stellen? Er ließ sie glauben, dass Gott ihr etwas Gutes vorenthalten wollte und sich weigern würde, ihr etwas Besseres zu geben. Der Feind möchte dich glauben machen, dass du Freuden, die das Leben zu bieten hat, verpasst, wenn du mit dem Sex wartest.

Wenn es um die Freuden der sexuellen Vereinigung geht, müssen gottesfürchtige Frauen vermeiden, ihre Erkenntnis darüber aus dem zu beziehen, was die Werbung verkündet, was die Zeitschriften verherrlichen oder womit Bücher um Aufmerksamkeit heischen. All das steckt voller Propaganda des Feindes. Die heutige Gesellschaft sucht das größtmögliche Vergnügen, will aber nichts dafür tun. Doch wenn man dem Beispiel der Gesellschaft folgt, erreicht man meist das Gegenteil. Wenn du die Wahrheit suchst, schau auf deinen himmlischen Vater. Gott gibt wahre sexuelle Erfüllung der Frau, die auf dieses Geschenk wartet. Gott hat vorgesehen, dass du die Erfüllung und die Freuden der sexuellen Vereinigung ausschließlich in der Ehe erleben sollst. Das Atemberaubende dieses intimen Aktes und die Freude, die er bringt, können dann vollständig ausgekostet werden, wenn man sich vor der Ehe rein gehalten hat.

Frage irgendeine gläubige Frau, die gewartet hat, und sie wird dir mit leuchtenden Augen erzählen, dass es sich gelohnt hat, das Opfer zu bringen, ihr Verlangen für eine gewisse Zeit zu verleugnen. Schau dir die Ehe dieser Frau an. Sehr wahrscheinlich hat sie immer noch eine heiße, romantische und erfüllende Liebesbeziehung mit ihrem Mann. Vergleiche diese reale Lebenssituation mit einer beliebigen halbstündigen Episode einer Seifenoper, die uns die Illusion einer Fernsehromanze als eine „Geschichte, die das Leben schrieb“ verkaufen möchte. Haben diese Schauspieler und Schauspielerinnen (die übrigens niemals eine Toilette schrubben oder sich einen Fingernagel abbrechen, dafür aber ständig in Abendgarderobe unterwegs sind) die wahre Erfüllung gefunden? Man sollte meinen, dass sie sie gefunden haben „Ah! Ja – die Freuden der sexuellen Erfüllung.“ Lass dich nicht täuschen. Sex ist etwas Besonderes! Nicht sinnlicher Sex, sondern Sex, der auf die Art und zu der Zeit befriedigend ist, die der Schöpfer vorgesehen hat.

Warum warten?

Wenn Sex etwas Begehrenswertes ist, warum sollte man ihn dann nicht sofort haben? Warum sollte Gott dir dieses Vergnügen mit jemandem, für den du echte Zuneigung empfindest, ohne mit ihm verheiratet zu sein, verwehren wollen? Hast du dir jemals mitten in einer Diät ein riesiges Stück Schokoladentorte mit Schokoglasur gegönnt, um ein besonderes Ereignis zu feiern? Kuchen ist gut. Kuchen ist begehrenswert. Je größer der Kuchen, umso größer das Vergnügen. Aber von einem Stück Kuchen während einer strengen Diät kann einem richtig schlecht werden! Ein großes, üppiges Kuchenstück können wir nur dann richtig genießen, wenn wir es zur richtigen Zeit essen – und genauso ist es mit dem Sex.

Gott möchte, dass du eine reine Frau bist, weil er dich vor den Konsequenzen, die vorehelicher Sex mit sich bringt, bewahren möchte. Diese Konsequenzen können auf der körperlichen, emotionalen und geistlichen Ebene auftreten und auch deine Beziehungen stark beeinflussen. Lass uns einen genaueren Blick darauf werfen.

Die körperliche Ebene

Hast du jemals heimlich ein Weihnachtsgeschenk vor dem Fest geöffnet und es dann wieder fein säuberlich verschlossen und unter den Weihnachtsbaum gelegt? Wie spannend und aufregend war es doch, die Überraschung schon vorher zu sehen. Aber wie war es dann, wenn der große Tag kam und die Geschenke zum ersten Mal geöffnet werden sollten? Wo war die Spannung, als du dein Geschenk aufmachtest? Das Geschenk schien etwas verloren zu haben, weil es schon davor zum ersten Mal geöffnet worden war. Jede Frau bekommt ein „erstes Mal". Gott möchte, dass du dein kostbares Geschenk einem Geliebten gibst, der dir hingegeben ist und der dich schätzt, für dich sorgt und dich beschützt – und all das in einer Ehebeziehung. Gott möchte, dass du mit deinem Geschenk an diesen Mann wertgeschätzt und geachtet wirst, nicht in den Schmutz getreten und erbeutet. Im Hohelied 8, 4 *(Luther)* heißt es: „Ich beschwöre euch … dass ihr die Liebe nicht aufweckt und nicht stört, bis es ihr selbst gefällt." Gott möchte dich davor bewahren, deine Jungfräulichkeit zu verlieren.

Gott möchte dich auch vor den Krankheiten bewahren, die durch sexuellen Kontakt übertragen werden und nicht nur dir, sondern auch deinem zukünftigen Ehemann schaden können. Eine unverheiratete junge Frau weinte in der Nacht, in der sie feststellen musste, dass sie sich mit Genitalwarzen angesteckt hatte. Was sie so traurig machte, war die Tatsache, dass sie eines Tages, wenn ihr Traummann ihr den Heiratsantrag machen würde, würde offenbaren müssen, dass sie an einer ansteckenden Krankheit litt. Das war für sie noch schlimmer als die Tatsache, dass Genitalwarzen unheilbar sind. Es ist nicht nur so, dass du oder dein Mann einen irreparablen körperlichen Schaden davontragen kannst, du kannst diese ansteckenden Krankheiten auch an deine zukünftigen Kinder weitergeben.

Gott möchte dich auch vor ungewollter Schwangerschaft schützen. Trotz aller Vorkehrungen besteht immer die Möglichkeit, schwanger zu werden. Eine überstürzte Heirat, eine Freigabe zur Adoption oder eine Abtreibung lassen die Konsequenzen nur noch schlimmer werden.

Judy, ein wundervolles christliches Mädchen mit einer vielversprechenden Zukunft, freute sich auf ihren Highschoolabschluss. Um dieses besondere Ereignis zu feiern, ging sie mit einem überaus gut aussehenden Jungen auf eine Party. Sie dachte, dass ein paar Drinks an einem solchen Abend in Ordnung wären. Sie wollte nicht, dass der Junge, mit dem sie ausging, dachte, sie wäre „komisch". Als er sie einlud, mit ihm allein in ein anderes Zimmer zu gehen, fühlte sie sich unbehaglich. Doch der Abend war so besonders und der Junge war so nett und zärtlich und romantisch.

In den folgenden Monaten versuchte Judy, die Veränderungen ihres Körpers zu verleugnen. Die Bibelschule sollte bald beginnen, also machte sie den damit verbundenen Stress dafür verantwortlich. Gott hatte ihr all das vergeben, was sie an diesem Abend getan hatte – sicherlich hatte er sie nicht schwanger werden lassen. Eine Schwangerschaft würde all ihre Pläne zunichtemachen.

Erst nachdem ihre Mutter bemerkt hatte, was mit ihrer Tochter los war, ging Judy zu einem Arzt. Leider wurden ihre schlimmsten Befürchtungen bestätigt. Judy würde bald Mutter werden. Weder ihre Reue noch die Tatsache, dass Gott ihr vergeben hatte, änderten etwas daran, dass die Konsequenzen ihres Handelns ihr Leben für immer verändern sollten. Gott wollte Judys Körper schützen, aber er ließ sie ihre eigenen Entscheidungen treffen.

Gott möchte dich vor den negativen körperlichen Auswirkungen, die Sex vor der Ehe mit sich bringt, schützen. Er möchte dich davor bewahren, gegen deinen Körper zu sündigen. Im ersten Korintherbrief 6, 18 *(EÜ)* heißt es: „Hütet euch vor der Unzucht! Jede andere Sünde, die der Mensch tut, bleibt außerhalb des Leibes. Wer aber Unzucht treibt, versündigt sich gegen den eigenen Leib." „Er möchte, dass du frei bist, nicht süchtig nach vorehelichem Sex. Eine leidenschaftliche körperliche Beziehung verschafft uns ein nur kurzlebiges Hochgefühl. Wie es auch bei Drogenkonsum der Fall ist, möchte man dieses intensive Hochgefühl immer öfter erleben."[3]

Die emotionale Ebene

Gott hat die Frau kunstvoll und fein geformt, und zwar mit emotionalen Eigenschaften, die sich von denen des Mannes unterscheiden. Die Gefühle einer Frau sind untrennbar mit ihrem körperlichen Zustand verbunden. Wenn eine Frau ihre Gefühle von ihrem körperlichen Zustand trennen könnte, hätte sie keine Probleme mit PMS. Der Mann, der deinen Körper berührt, berührt auch deine Gefühle. Gott hat dich so gemacht, und es ist ihm wichtig, dein Herz davor zu schützen, von irgendeinem Mann in Stücke gerissen zu werden. Du kannst einen Mann nicht körperlich lieben, ohne dass es deine Gefühle berührt, wie angestrengt du es auch versuchen magst. Daher möchte Gott nicht, dass du einem Mann irgendeinen Teil deines Körpers überlässt, wenn er weiß, dass dieser Mann, von dem du denkst, dass du ihn liebst, nicht in der Lage ist, dein Herz zu schützen. Du kannst nicht das eine geben, ohne dass das andere in Mitleidenschaft gezogen wird. Wie sich dein himmlischer Vater danach sehnt, deine Emotionen zu schützen und alle Gefühle von dir fernzuhalten, die dein emotionales Wohlbefinden bedrohen!

Gott möchte dich vor der zerstörerischen Macht der Verdammnis schützen. Der Teufel liebt es, dich fertigzumachen. Er möchte, dass du dich so unwürdig fühlst, dass du nicht mehr in der Lage bist, Gott zu verherrlichen oder vor anderen zu stehen. Noch wirkungsvoller wird seine Taktik, wenn er es schafft, in dein Ohr zu flüstern: „Was bist du denn für ein Christ? Ausgerechnet du willst Jane von Jesus erzählen? ... Sie könnte gehört haben ... Du kannst nicht in die Mission gehen. Du bist Kompromisse eingegangen, schon vergessen? Verdammnis ... Verdammnis ... Verdammnis."

Wenn dich deine Gefühle angelogen und dazu gebracht haben, deinen Schatz dem falschen Mann zu schenken, dann kann es sein, dass Ängste anfangen, dich zu plagen. „Wird er mich noch respektieren? Wird er mich noch lieben? Warum ist das alles, was er jetzt von mir will? Was, wenn ich schwanger bin? Wird es jemand herausfinden? Was, wenn es meine Eltern herausfinden? Wie kann ich ihnen noch ins Gesicht sehen? Was wird sein, wenn diese Beziehung in die Brüche geht und mein nächster Freund herausfindet, was gewesen ist?" Diese Ängste können dich Tag und Nacht in deinen Gedanken und Gefühlen verfolgen. Gott möchte dich vor diesem emotionalen Trauma bewahren.

Wenn es zu vorehelichem Sex gekommen ist, werden sich gewöhnlich Zweifel einschleichen. Hätte er mich auch geliebt, wenn ich ihm meinen Körper nicht gegeben hätte? Hätte er mich geheiratet, wenn ich nicht schwanger geworden wäre? Auch wenn wir heiraten: Wird er sich später zu Frauen hingezogen fühlen, die besser aussehen als ich? Am schlimmsten ist es, wenn du daran zweifelst, dass Gott dich liebt, und möglicherweise auch daran, dass du errettet bist, oder daran, dass du jemals wieder fähig sein wirst, eine moralisch reine Beziehung zu führen.

Auch wenn dir vollkommen vergeben ist und Christus dich gereinigt hat, werden deine verletzten Gefühle Zeit brauchen, um zu heilen. Der Herr möchte nicht, dass du diese Schmerzen erleidest. Du bist ihm wertvoll. Aus diesem Grund setzt er deiner körperlichen Beziehung und den damit verknüpften Emotionen liebevolle Grenzen.

Die emotionalen Lasten der Verdammnis, der Furcht und des Zweifels gehen oft mit vielen anderen Gefühlen wie Ablehnung, Bitterkeit, Depression und Misstrauen einher. Gott hat dich mit Gefühlen geschaffen, die von sexueller Kompromissbereitschaft überwältigt werden können. Lass ihn dein Herz beschützen.

Die Beziehungsebene

Eine Frau sehnt sich in der Tiefe ihrer Seele nach einer innigen Freundschaft mit dem Mann, den sie liebt – ganz unabhängig von einer körperlichen Ebene. Sie möchte als die Frau erkannt werden, die sie ist, und nicht nur um ihres Körpers willen wahrgenommen werden. Ein Paar, das sich entschließt, körperlich rein zu bleiben, verwendet seine Zeit und Aufmerksamkeit darauf, einander auf einer tieferen mentalen und emotionalen Ebene kennen zu lernen. Wenn erst einmal die Leidenschaft der Sexualität in einer Beziehung Einzug gehalten hat, ist es für den Mann schwer, sich zurückzunehmen und wieder damit zufrieden zu sein, eine Freundschaft zu entwickeln. Der körperliche Aspekt wird die Aufmerksamkeit des Mannes auf sich ziehen. Aus diesem Grund genießen so viele Frauen ihre Beziehung, bis aus der reinen Freundschaft eine „feste Beziehung" wird. Es geht etwas verloren, wenn die körperliche Leidenschaft beginnt.

Du darfst keine widersprüchlichen Botschaften geben. Du möchtest entweder, dass er dich in der Tiefe deiner Seele kennen lernt, oder dass er das an der Oberfläche deines Körpers tut. Wenn du deinen Freund ermutigst, mit der Schleife auf dem Paket zu spielen, wird er das Band lösen und das Geschenk aufmachen wollen. Lenke ihn nicht mit der Schleife ab. Die innige Freundschaft mit dem, von dem du dir wünschst, dass er dich um deiner selbst willen erkennt, wird fast immer in die Brüche gehen, wenn du dem Sex vor der Ehe Einlass in deine Beziehung gewährst.

Vorehelicher Sex hat eine weitere Konsequenz, die erst bei der Hochzeit zutage tritt. Misstrauen und Mangel an Respekt kommen an die Oberfläche, wenn die Hochzeitstorte gegessen ist. Die „eheliche Unsicherheit" beginnt. Wenn ein Paar vor der Ehe sexuell aktiv wird, beruhigen die Partner ihr Gewissen damit, dass sie ohnehin heiraten werden und ihr Mangel an Selbstkontrolle deshalb kein Problem darstellt. Hier erliegen sie einem Irrtum. Mangel an Selbstkontrolle vor der Eheschließung bezeichnet man als *Unzucht*. Mangel an Selbstkontrolle nach der Eheschließung bezeichnet man als *Ehebruch*. Die Saat für Ehebruch wird in den Gewächshäusern der Unzucht ausgesät. Eine Frau stellt sich in ihrem Unterbewusstsein die Frage: „Wenn er in der Beziehung mit mir vor der Ehe keine Selbstkontrolle an den Tag gelegt hat, wie kann ich mir dann sicher sein, dass er nicht während der Ehe der Versuchung erliegt, wenn ihm eine attraktive, jüngere Frau über den Weg läuft?“ Wenn ein junger Mann vor der Ehe nicht über Selbstkontrolle verfügt, erlangt er sie nicht plötzlich dadurch, dass er einen Ehering trägt.

Zwei andere sehr reale Konsequenzen auf der Beziehungsebene betreffen deine jetzige und deine zukünftige Familie. Denke daran, dass deine Entscheidungen im sexuellen Bereich deine Eltern beschämen können. Und deine zukünftigen Kinder? Eines Tages wirst du dich mit der Tatsache konfrontiert sehen, dass deine Kinder wissen, dass du ihnen kein Beispiel an Reinheit sein kannst, dem sie folgen könnten. Was wirst du ihnen antworten, wenn sie fragen: „Papa und du, habt ihr gewartet?“

Solltest du schließlich den Mann, der dein Geschenk zuerst geöffnet hat, nicht heiraten, wirst du Erinnerungen an ihn in deine Ehe mitnehmen, sie werden immer wieder in deinen Gedanken aufblitzen und dich verfolgen. Gott möchte, dass du in dieser besonderen Nacht nach deiner Hochzeit deinem Ritter sagen kannst: „Hier bin ich, sauber und rein an meinem Körper und in meinen Gefühlen. Niemand hat den Schatz meiner Liebe berührt. Ich habe mich für dich aufgehoben.“

Gott weiß, dass eine Frau viel mehr zu geben hat als ihren Körper. Er weiß, dass die dynamische Beziehung zwischen einer Frau und ihrem Mann mehr ist als eine körperliche Erfahrung. Gott hat geplant, dass Mann und Frau nicht nur den Geschlechtsverkehr genießen sollten, sondern auch eine Liebe, die durch die körperliche Beziehung nur gefördert wird. Diese Liebe bleibt, auch wenn es keinen körperlichen Höhepunkt gibt. Manchmal hält der körperliche Kontakt ein Paar davon ab, eine Gesprächskultur zu entwickeln und sich an ihr zu erfreuen. Wenn du möchtest, dass ihr euch in eurer Freundschaft gegenseitig als die erkennt, die ihr seid, dann lenkt euch nicht mit zu frühem oder unangebrachtem körperlichen Kontakt ab.

Die geistliche Ebene

Sexuelle Leidenschaft macht es schwer, zu sehen, dass Gott uns körperliche Grenzen setzt, um uns geistlich zu bewahren. Hebräer 13, 4 *(EÜ)* sagt sehr deutlich: „Die Ehe soll von allen in Ehren gehalten werden, und das Ehebett bleibe unbefleckt; denn Unzüchtige und Ehebrecher wird Gott richten." Gott richtet die Sünde der Unzucht. Es ist ein schreckliches Gefühl, durch die Schuld der Sünde von deinem Herrn getrennt zu sein.

Taten sprechen lauter als Worte, und das trifft besonders auf vorehelichen Sex zu. Es ist schwierig, jemandem von Christus zu erzählen, der weiß, welchen Ruf du hast. Deine Taten können auch schwächere Geschwister zum Stolpern bringen. Eine Nacht voller Leidenschaft kann deinen Ruf, den du dir dein ganzes Leben lang aufgebaut hast, ruinieren. „Die geistliche Seite der sexuellen Aktivität wird oft übersehen. Sogar viele Christen sind sich der zutiefst geistlichen Natur ihres Sexuallebens nicht bewusst. Ein Mensch wird einen akuten geistlichen Schmerz und eine Trennung von Gott erleben, wenn er sich außerhalb der Ehe sexuell betätigt, aber vielleicht nie erkennen, wie der Sex in der Ehe uns geistlich bereichert und die Einheit fördert."[4]

Gott hat nie geplant, dir ein Vergnügen vorzuenthalten. Er beschützt dich, damit du körperliche Gesundheit, emotionale Stabilität, eine innige Beziehung und geistliche Segnungen genießen kannst. Wenn du heiratest, möchte er, dass deine Liebe zu deinem Ehemann von Jahr zu Jahr zunimmt. Er möchte, dass ihr euch gegenseitig vollkommen vertraut und dass euer ganzes Leben von Liebe geprägt ist – statt von den Konsequenzen einer flüchtigen Nacht unkontrollierter Begierde.

Den Schatz bewahren

Wie also bewahrt eine alleinstehende Frau ihre Reinheit? Wenn ein Mann das Herz einer Frau erobert hat, wird ihr Körper nicht lange auf sich warten lassen. Das ist einer der Gründe, aus denen es in Sprüche 4, 23 heißt: „Mehr als alles, was man sonst bewahrt, behüte dein Herz! Denn in ihm entspringt die Quelle des Lebens." Um ein reines Leben zu führen, muss eine alleinstehende Frau zuerst den Schlüssel zu ihrem Herzen bewahren. Das bedeutet nicht, dass deine Beziehungen zu Männern mechanisch und gefühllos sein sollen. Es bedeutet, dass du vor allem auf ein Wachstum der Freundschaft und weniger auf Romantik bedacht bist.

Hier erzählt Debby, wie sie es schaffte, während der Zeit, in der sie sich regelmäßig mit einem Jungen traf, ein reines Leben zu führen.

> *Ich bat den Herrn, mir zu helfen, mich daran zu erinnern, mein Herz nicht von ihm abzuwenden und vorschnell einem Freund zu geben. Um diesen Vorsatz einhalten zu können, beschloss ich, vor jeder Verabredung zu beten. Bevor ich ausging, betete ich noch einmal und bat Gott, dass alles, was ich während unserer gemeinsamen Zeit sagte und tat, meinen Freund nicht vorwiegend auf romantische Gedanken bringen, sondern ihn ermutigen würde, eine Freundschaft mit mir aufzubauen und seine Liebe zu Gott zu stärken. Manchmal fühlte ich, dass romantische Gefühle aufkamen und mein Herz zu klopfen begann. Dann bat ich den Herrn, meine Stärke zu erneuern und mein Hauptaugenmerk wieder auf ihn zu richten. Ich stellte mir dann vor, wie ich auf dem Boden kniend mein Versprechen vor ihm erneuerte.*
>
> *Ich genoss diese Verabredungen, bei denen es darum ging, eine Freundschaft aufzubauen, noch mehr, nachdem ich beschlossen hatte, Gott mein Herz beschützen zu lassen. Der einzige Mann, der den Schlüssel zu meinem Herzen erhielt, war der Mann, den ich heiratete. Als wir verlobt waren, gab ich ihm ein kleines rotes Samtkästchen mit einem antiken Schlüssel darin. Es war ein Symbol dafür, dass ich ihm mein Herz gab, damit er für es sorgen und es wertschätzen sollte, so wie es der Herr getan hatte, bevor ich Bill kennen gelernt hatte. Ich bin dankbar, dass er mich nun als unbezahlbaren Schatz ansieht und es für ihn ein Vorrecht ist, den Schlüssel zu meinem Herzen besitzen zu dürfen. Ein zusätzlicher „Bonus" ist, dass unsere Ehe voll von jener „besonderen" Romantik ist, auf die ich verzichtet hatte, bevor ich meinen Mann traf.*

Gib dein Herz nicht leichtfertig weg. Wenn ein Mann sagt, dass er dich liebt, heißt das nicht, dass du diesen Satz wie ein Echo wiederholen musst. Für einen Mann können diese drei Worte alles Mögliche bedeuten, wie zum Beispiel „Ich will dich" oder „Ich möchte, dass du mich küsst". Vielleicht fällt ihm aber gerade auch nichts anderes ein, was er sagen könnte! Was aber stellt dieses „Ich liebe dich" mit deinem Herzen an? Diese Worte können nach und nach deine Gefühle in eine Falle locken und deinen Körper dazu bringen, die falschen Dinge zu tun. Wenn du den Schlüssel zu deinem Herzen bewahren willst, dann triff die feste Entscheidung, jemandem nur dann zu sagen, dass du ihn liebst, wenn du das wirklich voller Hingabe tust, nicht nur aufgrund eines beiläufig aufkommenden Gefühls. Du wirst dann viel eher die Kontrolle über die Freundschaft, die euch verbindet, behalten. Wahre Liebe hat die Zeit, auch ohne diese drei Worte zu wachsen und zu blühen. Bewahre sie sorgfältig auf, um sie flüsternd zu verschenken, wenn Gott dir zeigt, dass die Zeit dafür gekommen ist. Was für ein Geschenk ist es, wenn du deinem Verlobten sagen kannst: „Du bist der erste Mann, zu dem ich jemals gesagt habe, dass ich ihn liebe." Lass diese kostbaren Worte bedeutungsvoll sein und du wirst sie in vielen glücklichen Ehejahren voller Begeisterung aussprechen und zu hören bekommen.

Es gibt einen weiteren Schritt, den du machen kannst, um deine Reinheit zu schützen. Es ist ein radikaler Vorschlag: Hebe alle deine Küsse für deinen zukünftigen Ehemann auf. Eine Frau, die diese Entscheidung getroffen hatte, sagte: „Als ich anfing, mit Jungen auszugehen, hatte ich keine Lust dazu, meinem Begleiter für einen Hamburger mit Cola und Pommes einen Kuss vor der Tür zu geben. Was würde er von mir für ein Abendessen im Steakhaus oder einen Abend in der Stadt erwarten? Später, als ich verheiratet war, stellte ich fest, dass mir die Entscheidung, meine Küsse nicht großzügig zu verteilen, einen Bonus einbrachte. Wegen all der Küsse, die ich Jungen vor der Tür verweigert hatte, erhielt der Mann, den ich heiratete, in all den Jahren unserer Ehe seine Küsse ‚mit Zinsen'. Es hat sich gelohnt, jahrelang auf die Küsse zu warten, damit sie dann voller Bedeutung sein konnten."

Der Kuss oder die Umarmung einer Frau ist nicht bloß eine Art, ‚Danke' zu sagen! Ein Kuss sollte etwas Tieferes, Innigeres ausdrücken. Wenn das so ist, möchtest du dann jedem Jungen, mit dem du ausgehst, so etwas Inniges kommunizieren? All die Küsse, die du vor der Hochzeit gibst, und all die Küsse, die du nach der Hochzeit gibst, drücken die Liebe aus, die einem einzigen Menschen gehören: deinem Prinz.

Wenn du dich erinnerst, wem deine Küsse gehören, dann wirst du sie nicht so schnell verschenken. Wenn du denkst, dass es „der Richtige" ist, mit dem du dich verabredet hast, dann gib eurer Freundschaft Zeit zum Wachsen, bevor du ihm die „Nebenleistungen" bietest. Er wird sie zu schätzen wissen und dich viel mehr respektieren, wenn du wartest.

Du musst dir darüber klar werden, dass ein Kuss der Beginn des körperlichen Kontakts ist. Wenn du damit einmal angefangen hast, ist es schwer, die Leidenschaft wieder auf Eis zu legen. Überlege, was du mit einem Kuss ausdrücken willst. Er sollte dein Herz offenbaren, nicht deine Hormone in Wallung bringen. Eine Frau antwortete auf die Frage, warum „Freunde" Schwierigkeiten hätten, wieder Freunde zu werden, wenn sie einmal begonnen hatten, miteinander zu gehen: „Wenn ihr einmal angefangen habt, Sex zu haben, ist das so ziemlich das Einzige, was ihr noch gemeinsam habt."

Ein dritter praktischer Schritt ist, dir zu überlegen, was du mit deiner Verabredung tun und was du nicht tun wirst, *bevor* die Sache heiß und heftig wird. Hier sind einige Beispiele für solche „Verhaltensregeln für Verabredungen", an die sich viele gottesfürchtige Frauen halten. Sie werden dir helfen, dem Druck zu widerstehen, vorzeitig „das Geschenk zu öffnen" (mehr dazu in Kapitel 9).

Ich werde mich nur mit gläubigen Männern treffen, die geistlich wachsen. (Du wirst höchstwahrscheinlich einen der Männer heiraten, mit denen du dich triffst. Das ist wichtig!)

Ich werde mich auf die Freundschaft konzentrieren – nicht auf eine romantische Beziehung. (Lass dich nicht hereinlegen!)

Ich werde nicht mit ihm alleine zu Hause sein.

Ich werde meine Küsse und Umarmungen nicht einfach so verteilen.

Ich werde mich nicht neben einen Mann hinlegen.

Lege die Verhaltensregeln nicht „unterwegs“ fest. Gefühle können unzuverlässig sein. Du musst weise Entscheidungen treffen, bevor dein Herz zu flattern beginnt und so laut klopft, dass du dich selber nicht mehr denken hören kannst. Schreibe sie auf und lies sie oft! Lege sie Gott regelmäßig im Gebet vor.

Während einer Bibelrunde machte eine alleinstehende Frau die folgende Aussage über „Verabredungen“.

> *Bevor Jesus die Herrschaft über meine Beziehungen bekam, hatte ich die Vorstellung unserer Gesellschaft übernommen, dass eine Verabredung eine Gelegenheit sein sollte, bei der ein Mann und eine Frau miteinander alleine sein konnten. Diese Zeit sollte der Entwicklung einer romantischen Beziehung dienen, und dazu gehörte auch ein gewisses Maß an körperlichem Kontakt, das sich steigerte, wenn man über einen längeren Zeitraum miteinander ging. Als ich Jesus besser kennen lernte, begann ich, diese Sache aus seinem Blickwinkel zu sehen – als eine Zeit, in der eine Freundschaft aufgebaut werden sollte, eine Zeit, in der man weder Liebesversprechungen machen noch Zuneigung auf körperliche Art zeigen musste. Wenn ich Zeit in der Gruppe verbringe, anstatt mit einem Jungen allein auszugehen, kann ich wirklich den Charakter der Freunde sehen, mit denen ich Gemeinschaft habe. Wenn wir Dinge in der Gruppe unternehmen, hilft mir das, meine Reinheit zu bewahren. Gleichzeitig kann man ungehindert eine Freundschaft aufbauen und miteinander reden. Wenn ich Zeit mit einem Jungen verbringe, dann bezeichne ich das nicht mehr als „Verabredung“. Ich spreche davon „eine Freundschaft auf dem Fundament Christi“ aufzubauen. Denn Christus ist derjenige, der mein Herz in seinen Händen hält und die Freundschaft in die richtige Richtung lenkt.*

Zu viele Frauen denken, dass sie sich unweigerlich die ewige Liebe eines Mannes sichern, wenn sie einem Mann die körperliche Befriedigung geben, nach der er sich sehnt. Hunderte Frauen haben ihre Vorsätze in Bezug auf Sexualität aufgegeben und sind bewusst weiter gegangen, als der Herr das wollte, weil sie hofften, den Mann halten zu können, mit dem sie ihre Zeit verbrachten. Es ist eine Lüge. Glaube sie nicht!

Frauen fahren leicht auf Worte ab. Die meisten Männer wissen das. Eine weitere Art, dich rein zu halten, ist, hellhörig zu werden, wenn dein Gegenüber „Süßholz raspelt". Achte darauf, dich von keinem der folgenden Sätze überzeugen zu lassen.

Wenn du mich liebst …

Ich habe noch nie zuvor eine solche Liebe empfunden …

Versuch es doch nur ein einziges Mal …

Ich werde dafür sorgen, dass du nicht schwanger wirst …

Ich möchte den Rest meines Lebens mit dir verbringen …

Wir werden doch ohnehin heiraten …

In deinem Alter ist niemand mehr Jungfrau …

Was wir in unserem Privatleben machen, geht niemanden etwas an.

Wenn wir nicht über diesen Punkt hinausgehen, ist es in Ordnung …

Die machen es auch, und sie sind Christen …

Wenn du mir deine Liebe nicht beweisen willst, werde ich schon jemanden finden, der das tut …

Du bist zu altmodisch …

Tu es als Vorbereitung auf die Ehe …

Das wird uns nie passieren …

Du darfst keinen dieser Sätze glauben. Man hat sie schon so oft gesagt. Dann hat man das Geschenk geöffnet und eine emotional völlig verwirrte Frau – mit dem Schild „erobert“ versehen – zurückgelassen. Sei auf der Hut. Solche Worte haben schon viele Frauen in die Falle gelockt. Wenn du dich dabei ertappst, dass du rational zu erklären versuchst, was du gerade tust, und dir selbst versicherst, alles unter Kontrolle zu haben, dann überdenke alles noch einmal. Später wirst du froh darüber sein. Ein gottesfürchtiger Mann wird eine Frau nicht mit Worten unter Druck setzen, sondern seine Wertschätzung ihr gegenüber durch seine Liebeserklärungen ausdrücken – und er wird sie nach Hause bringen, bevor sie später bedauern müssen, ihre Reinheit befleckt zu haben.

Was, wenn es zu spät ist?

Du musst nicht die Fehler wiederholen, die so viele andere begangen haben. Aber auch wenn du dieses Buch liest, nachdem „es“ passiert ist, und du dich jetzt mit der Schuld wegen des verlorenen Geschenks herumplagst, brauchst du nicht entmutigt zu sein. Obwohl es zutrifft, dass es nur ein erstes Mal gibt, ist Gott der Gott der ersten Erfahrung. Lass ihn dein zerbrochenes Herz mit seiner Vergebung heilen. Stimme mit Gott überein, dass du gesündigt hast, und lasse die Sünde bei ihm. Und dann passe auf dich auf, damit du nicht wieder in dasselbe sündige Verhaltensmuster verfällst. Lerne eine wertvolle Lektion, aber höre auf, dich selbst mit Verdammnis zu strafen. Jesus hat für diese Sünden auf Golgatha bezahlt. Erlaube dir selbst oder dem Feind nicht länger, dich mit der Erinnerung an eine Sünde niederzudrücken, sobald du sie vor Gott und vor denen, an denen du schuldig geworden bist, bekannt hast. Du magst die Konsequenzen deiner Sünde zu spüren bekommen, aber du musst nicht mit der dazugehörigen Schuld leben.

Gott ist der Gott, der vergibt und vergisst. Jeremia 31, 34 sagt: „Denn ich werde ihre Schuld vergeben und an ihre Sünde nicht mehr denken.“ Eine der großartigsten Fähigkeiten Gottes ist, dass er die Sünden derer vergisst, die zu Christus Jesus gehören: „Ich, ich bin es, der deine Verbrechen auslöscht um meinetwillen, und deiner Sünden will ich nicht gedenken“ (Jes. 43, 25). Lass das dein Motto sein: „Eines aber tue ich: Ich vergesse, was dahinten, strecke mich aber aus nach dem, was vorne ist, und jage auf das Ziel zu, hin zu dem Kampfpreis der Berufung Gottes nach oben in Christus Jesus" (Phil. 3, 13–14).

Du bist zwar durch dein Bekenntnis von deiner Schuld befreit worden, doch das gibt dir nicht die Erlaubnis, weiter in Sünde zu leben oder dich wissentlich der Versuchung auszusetzen. Entscheide dich weiterhin, frei von der Herrschaft der Sünde zu leben. Lege jede Bürde und die dich so leicht umstrickende Sünde ab und laufe den vor dir liegenden Wettlauf mit Ausdauer (siehe Hebr. 12, 1). Wie? Halte deine Augen auf Jesus gerichtet (nicht auf deine Sünde, auf die Vergangenheit oder auch auf dich selbst). Jesus ist der Anfänger und der Vollender deines Glaubens (siehe Hebr. 12, 2).

Es gibt noch eine letzte Reaktion, die dir die völlige Freiheit bringt. Du musst die Sünden derer, die gegen dich gesündigt haben, vergeben und vergessen. Jesus sagt uns in Matthäus 5, 21–24 ganz klar, was wir tun sollen, wenn wir auf einen Bruder zornig sind. Aber wie tust du es? Entscheide dich zuerst dafür, deinem Bruder von Herzen zu vergeben. Dann wird Gott dir helfen, die verbleibenden Gefühle aufzuarbeiten. Der Schmerz wird dich nie verlassen, wenn du Bitterkeit hegst. In Bitterkeit und mangelnder Vergebungsbereitschaft zu verharren, ist ein wunderbares Mittel, wenn du hässlich sein möchtest.

Wenn du dein Geschenk vorschnell geöffnet hast, lass dich davon nicht abhalten, noch einmal ganz von vorne anzufangen. Nimm Gottes Vergebung für dich an und weigere dich, dich wie ein beschädigtes Stück Ware zu fühlen. Gott hat etwas Besseres für dich. Du, liebe alleinstehende Frau, bist ein Schatz. Der Feind versucht, dich in die Irre zu führen, wenn er dir anbietet, dir mit seinen Mitteln und auf seine Weise Freude zu verschaffen. Verliere nie den Wert dessen, was du hast und bist, aus den Augen. Erlaube nie dem kurzlebigen Vergnügen eines Abends voll körperlicher Liebe, ein ganzes Leben voll dauerhafter Liebe zu zerstören.

Wie man eine durch und durch reine Frau wird

In 2. Samuel 13, 1–19 lesen wir die leidvolle Geschichte einer Vergewaltigung. Beachte die Reaktion des Mannes, der schließlich bekommen hatte, was er wollte. Wie verhielt er sich gegenüber der Frau, die er begehrt hatte, nachdem sein sexuelles Verlangen befriedigt war? Was empfand er nun dieser Frau gegenüber? Warum?

____

____

____

Wie kann eine junge Frau ihren Pfad rein halten (lies Ps. 119, 9+11)?

____

____

____

Wie beeinflussen die Freundschaften, die du pflegst, deine Reinheit (lies 1. Kor. 15, 33)?

____

____

____

Schreibe eine detaillierte Liste der Dinge, die du tun willst, um deine Reinheit zu bewahren, während du Beziehungen mit Angehörigen des anderen Geschlechts aufbaust.

____

____

____

Ist es zu anstrengend, nach Reinheit zu streben (lies 1. Kor. 10, 13)? Liste einige der Auswege auf, die Gott für dich bereitet hat.

Schreibe auf, was ein Kuss für dich bedeutet. Was willst du damit ausdrücken, wenn du einen Mann küsst? Könntest du dasselbe auch auf andere Weise ausdrücken? Wie kann es die Kommunikation in einer Freundschaft behindern, wenn man körperliche Zuneigung mit ins Spiel bringt?

7

Eine sichere Frau

„Ich kann es immer noch nicht glauben!“, platzte eine Freundin heraus. „Ich hatte eine Verabredung mit dem perfekten Mann! Ich habe tagelang gesucht, um ein richtig tolles Outfit zu finden, ich war bei der Maniküre und mein Haar sah besser aus als je zuvor. Ich habe mir einen ganzen Tag freigenommen, um mich vorzubereiten, und für den Weg zum Treffpunkt reichlich Zeit eingeplant. Die 240 Kilometer bis zu ihm waren gar nichts. Ich hätte vor Freude und Aufregung fliegen können. Die ganze Fahrt über versuchte ich, mich zu beruhigen; aber ich konnte nicht aufhören, darüber nachzudenken, wie perfekt wir doch zusammenpassten und wie herrlich unsere Beziehung und unsere Zukunft sein würden. Wir gingen an einen sehr romantischen Ort. Ich kann es immer noch nicht glauben! Ich war bereit, willig und zu haben. Alles war perfekt – bis auf ein einziges Problem. Es stellte sich heraus, dass er schwul war.“

Diese alleinstehende Frau machte sich treu und eifrig auf, um dem Mann ihrer Wahl zu begegnen, doch sie wurde nur enttäuscht und verletzt. Rut, unsere biblische Verkörperung einer alleinstehenden Frau, ging an die Sache völlig anders heran.

> *Da sagte er [Boas]: Gesegnet seist du von dem Herrn, meine Tochter! Du hast deine letzte Treue schöner erwiesen als die erste, indem du nicht den jungen Männern nachgelaufen bist, sei es geringen oder reichen. Und nun, meine Tochter, fürchte dich nicht! Alles, was du sagst, werde ich für dich tun, erkennt doch alles Volk im Tor, dass du eine tüchtige Frau bist.*
>
> Rut 3, 10–11

Rut, die alleinstehend, jung und verwitwet war, wusste sicher, was es bedeutete, einsam zu sein und sich nach der Wärme eines Ehemannes zu sehnen. Doch sie gab der Versuchung, auf „Männerjagd" zu gehen, nicht nach. Statt hinter den jungen Männern her zu sein, verhielt sie sich still und überließ es Gott, ihren Prinzen zu ihr zu bringen. Sie war eine wirklich sichere Frau.

Gefühle der Unsicherheit

Warum neigen Frauen dazu, hinter den Männern her zu sein? Warum ist es für Frauen so schwer, ruhig zu bleiben und darauf zu warten, dass der Mann die Initiative ergreift, wenn es darum geht, eine Beziehung zu beginnen? Die Antwort besteht aus einem einzigen Wort: Unsicherheit. Für eine unsichere Frau dreht sich die Welt um etwas (eine Ehe) oder um jemanden (den „Richtigen"). Beides kann man verlieren und es kann einem genommen werden. Eine unsichere Frau kann keine beständige Freude empfinden – auch nicht in einer Beziehung, denn ein Mann kann ihr die Sicherheit nicht verschaffen, die nur Gott ihr geben kann.

Unsicherheit bringt dich dazu, dich an eine Beziehung zu klammern. Wenn du keinen Mann hast, empfindest du einen Mangel an Zuversicht. Wenn er nicht bei dir ist, befürchtest du, dass er vielleicht nie mehr zu dir zurückkommt oder dich nie mehr anruft. Du möchtest, dass er sich dir gegenüber verpflichtet, damit du ihn nicht verlierst. Du möchtest all seine Zeit und seine Aufmerksamkeit. Alle deine Träume, Pläne und Ziele drehen sich um ihn. Unsicherheit in einer Beziehung kann zu Eifersucht und Streitereien führen. Sie lässt dein Vertrauen schwinden, sobald er eine andere Frau ansieht. Du willst über seine Pläne und darüber, mit wem er seine Zeit verbringt, Bescheid wissen. Du möchtest nicht, dass er andere interessante oder attraktive Frauen zu Gesicht bekommt, du fühlst dich bedroht, wenn das geschieht.

Unsicherheit kann dich dazu bringen, fordernd zu werden und unrealistische Anforderungen an deine Beziehung zu stellen. Wenn er dich verletzt oder enttäuscht, kannst du dich tagelang darüber aufregen. Du lebst mit der Angst, du könntest etwas falsch machen und ihn verlieren. Du hast permanent das Bedürfnis, eure Beziehung zu „definieren" und über die Liebe, die ihr füreinander empfindet, zu reden. Du glaubst, deine Liebe zu ihm auf immer aufwendigere Weise zeigen zu müssen.

Unsicherheit erfüllt eine Beziehung mit Frustration und Sorgen. Du denkst: „Ich kann weder mit ihm noch ohne ihn leben!" Du ertappst dich dabei, wie du ihm etwas vormachst, um ihn zu halten.

Lisa erzählte ihrem Freund sogar, dass sie schwanger sei, um ihn dazu zu bringen, sie zu heiraten. Ihr ausgeklügelter Plan ging nach hinten los, weil sie immer neue Lügen erfinden musste, als der frischgebackene Ehemann herausfand, dass sie gar nicht schwanger war. Sie dachte, nur mit ihm an ihrer Seite glücklich und geborgen sein zu können. Stattdessen fühlte sie sich schuldig wegen ihrer Lügen und sie fühlte sich von ihm entfremdet. Er war wütend auf sie, weil er sie geheiratet hatte, bevor er innerlich dazu bereit war. Das führte zu großen Problemen in ihrer Beziehung.

Einer Lüge glauben

Warum denken Frauen, dass sie hinter den Männern herjagen müssten? Viele Frauen haben einer Lüge geglaubt. Sie denken: „Ich muss dafür sorgen, dass ich das Beste bekomme, denn Gott wird es mir womöglich nicht geben." Wie wäre die Geschichte von Rut deiner Meinung nach ausgegangen, hätte sie dieser Lüge Glauben geschenkt? Wäre sie mit Orpa nach Hause gegangen und hätte einen der jungen Männer dort geheiratet? Wäre sie Noomi in ein neues Land gefolgt, hätte dann aber ihr Schicksal selbst in die Hand genommen, indem sie sich den Partner selbst gesucht hätte, der sie und ihre Schwiegermutter versorgen sollte? Mit diesen falschen Entscheidungen hätte sie niemals das gesegnete, freudvolle Leben mit Boas kennen gelernt, und wir hätten nicht mit ihrer Geschichte im Buch Rut gesegnet werden können.

Meine Damen, Gott lässt euch zwischen seinen Plänen und euren Plänen wählen. In den Lebensumständen, in denen sich Rut befand, wäre sie wohl nie auf die Idee gekommen, dass ein Mann wie Boas eines Tages ihr Prinz sein würde. Auch du kannst aus deiner eingeschränkten Perspektive nicht sehen, wer dein Prinz sein wird und wo er sich befindet. Nur Gott hat alles im Blick. Versuchst du, dein eigenes Leben zu kontrollieren? Machst du Pläne für dein Leben, die nur Gott machen sollte? Gott hat das Beste für dich. Gib dich nicht mit weniger zufrieden. Es liegt eine schreckliche Last auf deinem Leben, wenn die Dinge immer so laufen müssen, wie du dir das vorstellst. Gib sie ab! Vermeide es, eines Tages zurückzuschauen und bedauernd feststellen zu müssen, dass du deinen Lebenspartner aus einer begrenzten Perspektive gewählt hast, weil du dich nach der Geborgenheit einer Beziehung gesehnt hast. Gott kann und wird dir sein Bestes geben, wenn du darauf wartest.

Liebe und Geborgenheit

Frauen haben eher mit Unsicherheit zu kämpfen, weil Gott sie so einzigartig geschaffen hat, wie er sie geschaffen hat. Gott hat in jedes kleine Mädchen das Bedürfnis hineingelegt, ihren irdischen Vater zu lieben und von ihm geliebt zu werden. Als Gott seine Welt plante, wählte er die Familie als Thema für das Design. Der Vater beschützt, liebt und versorgt seine Frau und die Kinder. Der ideale irdische Vater ist ein Bild der sanften, lebensspendenden Liebe des himmlischen Vaters. Viele junge Frauen in unserer Gesellschaft hatten keinen Vater, der sich an Gottes Plan hielt. Dieses gottgegebene Bedürfnis nach der Liebe eines Vaters hat in ihrem Leben zu einem Mangel geführt.

Karen beschreibt es folgendermaßen:

> *Ich habe mich nie so geliebt gefühlt, wie ich es gebraucht hätte. Ich wollte jemanden, den ich lieben konnte und der mich auf eine sehr tiefe Weise liebte. Ich lernte einen wunderbaren jungen Mann kennen und begann, mit ihm auszugehen. Er war Christ, sah gut aus, war beliebt, und das Beste war – er liebte mich. Fast zwei Jahre lang erlebte ich mit ihm eine tiefe, wunderbare Freundschaft. Ich wollte seine Frau werden, aber er machte keine Anstalten, mir*

die entscheidende Frage zu stellen. Ich war 21 Jahre alt und ich war Jungfrau. Mein Wunsch, ihn zu halten, war so groß, dass ich wusste, ich würde alles tun, was notwendig war. Ich hatte nie bewusst geplant, in Bezug auf meinen hohen Standard Kompromisse einzugehen, aber ich dachte, wenn ich mit ihm intim wäre, würde ihm das meine tiefe Hingabe zeigen und ich wäre in der Lage, ihn zu halten.

Als Kind wollte ich, dass mein Papa mich wirklich lieb hat, aber ich schien seine Liebe nie richtig zu verdienen. Ich dachte, dieser Mann könnte das Bedürfnis nach Liebe, das ich fühlte, erfüllen. Ich hatte mich getäuscht. Mit diesem Akt verlor ich gleichzeitig meine Jungfräulichkeit und meinen engsten Freund. Ich glaube, wenn ich mich der Unsicherheit in meinem Leben gestellt hätte, hätte ich klar sehen können, dass kein Mann den Herzenswunsch nach der Liebe und Geborgenheit, die ich suchte, erfüllen konnte.

Vielleicht erinnerst du dich an dein Verlangen, als kleines Mädchen von deinem Vater wertgeschätzt, geliebt und angenommen zu werden. Wenn er dir diese Liebe nicht auf Gottes Art gezeigt hat, hast du vielleicht weiter nach einem Mann gesucht, der das tun würde. Kein Mann, nicht einmal ein Ehemann, kann dieses Bedürfnis nach Liebe und Geborgenheit erfüllen. Nur Jesus, der derselbe, gestern, heute und für immer ist, wird dich nie enttäuschen oder im Stich lassen (siehe Hebr. 13, 8).

Wende dich jetzt an deinen himmlischen Vater. Schütte ihm dein Herz aus und erzähle ihm von deiner Sehnsucht, geliebt zu werden. Sieh, wie seine Arme weit geöffnet sind und er bereit ist, dich auf seinen Schoß zu nehmen, dich zu umarmen und festzuhalten. Du bist ihm wertvoll. Er sehnt sich danach, dir die Liebe zu geben, die dich zufriedenstellt. Vielleicht möchte er dir auch einen Mann geben, den du lieben kannst. Aber der Mann, den du heiratest, kann dein Bedürfnis nach Sicherheit nicht erfüllen. Nur Gottes Liebe bringt dir Sicherheit.

Manipulation und Taktik

Wenn du siehst, wie eine Frau hinter den Männern her ist, dann ist dein erster Gedanke vermutlich nicht: „Ja, diese Frau ist offensichtlich sehr unsicher." Die Unsicherheit wohnt im Herzen. Was du äußerlich siehst, ist die uralte weibliche Kunst der Manipulation und des Taktierens. Wenn eine Frau eine Situation manipuliert, verschafft ihr das ein gutes Gefühl, weil sie glaubt, die Dinge im Griff zu haben.

An einer Hochschule war ein neuer Student angekommen. Er war einer der attraktivsten jungen Männer, die man je auf dem Schulgelände gesehen hatte. Er war dermaßen attraktiv, dass eine leichte Brise zu spüren war, wenn er vorbeiging, weil alle Frauen nach Luft schnappten. Wenn er den Speisesaal betrat, hörten die Frauen plötzlich auf, zu reden. (Das allein war schon ein Wunder!)

Linda, die im Büro des Fakultätsvorstands arbeitete, war plötzlich mit unzähligen Frauen konfrontiert, die sich nach seinem Stundenplan erkundigten. Warum war ihnen sein Stundenplan so wichtig? Die darin enthaltenen Informationen konnten ihnen zu einer „lebensverändernden" Begegnung verhelfen. Diese törichten Frauen fanden heraus, wie sein täglicher Plan aussah. Am Ende ihrer eigenen Unterrichtsstunde *rannten* sie dorthin, wo er zu dieser Zeit am ehesten unterwegs sein musste. Dann standen sie „ganz zufällig" an der Ecke, an der er gerade vorbeiging. Jeden Tag begegneten ihm diese Meisterinnen der Manipulation „rein zufällig" nach dem Kurs für englische Literatur, und dann wieder „rein zufällig" nach dem für Staatsbürgerkunde. Für die Mädchen, die Tag für Tag wie besessen versuchten, seinen Weg zu kreuzen, war es das reinste Aerobic-Programm – und es hielt sie in Topform!

Manipulieren und Taktieren kann auch so aussehen, dass man in die Rolle einer „Ersatzgehilfin" schlüpft. Viele Frauen möchten ebenso gerne heiraten, wie sie in den Himmel kommen wollen. Sie möchten so gerne einen Mann umsorgen. Deshalb rennen sie herum und versuchen, zumindest eine gute Imitation des Originals zu suchen, nach dem sie sich wirklich sehnen. Diese kostbaren (aber irregeleiteten) Frauen sind ständig auf der Suche nach einem Mann mit einem Problem. Dann stürzen sie sich auf dieses Problem und versuchen, dem Mann zu helfen – in der Hoffnung, schließlich seine Zuneigung zu gewinnen. Ein Mann mit Problemen übt eine unwiderstehliche Anziehungskraft auf sie aus.

Auf einer Konferenz erwähnte einmal ein alleinstehender Mann, dass er ein paar Namensschilder brauchte. Ein ganzer Haufen Frauen rannte los, um ihm die Schilder zu besorgen. Es war wie bei einem Wettlauf oder beim Winterschlussverkauf! Eine typische „Ersatzgehilfin" hatte von einem Mann gehört, der sein Haus sauber machen musste, weil seine Eltern zu Besuch kommen wollten. Der junge Mann hatte wenig Zeit, sich selbst darum zu kümmern, weil er in der Gemeinde so viel zu tun hatte. Deshalb erzählte er von seinem Problem. Diese „Martha" beschloss, der Not des Mannes abzuhelfen, ohne ihre eigenen Motive zu prüfen. Sie ging davon aus, dass er ihre Hilfe schätzen und sich mit einer Extraportion Aufmerksamkeit erkenntlich zeigen würde, vielleicht würde er sogar mit ihr ausgehen. Zu dieser Zeit wusste sie, dass eine ihrer Freundinnen in der Gemeinde ein ähnliches Problem hatte, doch „Martha" dachte nicht daran, auch nur einen Finger zu rühren, um ihr im Haushalt zu helfen.

Worin besteht der Unterschied? Frauen helfen wahrscheinlich deshalb lieber einem Mann als einer Frau, weil die eventuelle „Belohnung" attraktiver scheint. Die „Ersatzgehilfin" stellt sich vor, wie sie ihre Schürze gegen einen Ehering eintauscht. Eine weise Frau meinte einmal: „Tu nichts für einen Bruder, was du nicht auch für eine Schwester machen würdest." Es sind meist die bestaussehenden und begehrenswertesten Männer, für die man Kuchen bäckt, selten die Durchschnittstypen. (Es ist ein Wunder, dass all die Jungs so schlank bleiben – vielleicht kommt es aber auch vom vielen Davonlaufen vor all den angriffslustigen und manipulativen Frauen.)

Eine „Manipulatorin" hört vielleicht von einer Freundin in Nöten und ist hartherzig genug, sie ohne ihre Hilfe auskommen zu lassen. Aber wenn ein attraktiver Mann auch nur leise andeutete, etwas trinken zu wollen, würde sie meilenweit laufen, um ihm ein kühles

Getränk zu bringen, und unterwegs Bibelstellen über den Becher kalten Wassers für einen Durstigen rezitieren. Erlaube Gott, dich im Dienst für deine Brüder und deine Schwestern gleichermaßen einzusetzen, ohne Hintergedanken von deiner Seite. Am Anfang diente Rut nicht einem begehrenswerten Mann, sondern einer verbitterten Witwe – ihrer Schwiegermutter.

Eine weitere Art des Taktierens ist es, wenn man versucht, die Mutterrolle im Leben des Mannes zu übernehmen. Unsichere Frauen verfallen zu oft in die Denkweise, dass sie die Liebe eines bestimmten jungen Mannes gewinnen könnten, indem sie alles Mögliche für ihn tun. Irrtum! Ob jung oder alt, es fällt einem Mann leicht, zuzusehen, wie eine Frau Opfer für ihn bringt. Warum? Die meisten Männer sind daran gewöhnt. Seine gute alte Mama hat sich schließlich seit seiner Geburt für ihn aufgeopfert. Sicher wird der junge Mann „Danke“ sagen, aber junge Männer heiraten nicht ihre Mütter! Wenn eine Frau etwas wirklich Nettes für einen bestimmten Mann tut, denkt er gewöhnlich nicht den Rest des Tages über ihren selbstlosen Dienst nach (da er es wahrscheinlich gewohnt ist, diverse Wohltaten zu empfangen). Die Frau wird anfangen, sich ausgenutzt zu fühlen.

Manche Frauen kochen für den Mann, nähen seine Knöpfe an und waschen seine Wäsche. Sie tun all die Dinge, die eine Mutter tun würde – immer in dem Glauben, sie würde schon einmal für die gemeinsame Zukunft üben. Doch der Mann, dem sie so selbstlos gedient hat, wird sich wahrscheinlich in ein Mädchen verlieben, das weder backen noch nähen kann und denkt, dass man die Wäsche am besten in die Reinigung bringt, wo man sie sauber gefaltet und flauschig wieder abholen kann.

Elisabeth Elliot sagt, dass sie oft gefragt wird: „Was kann ich tun, damit er mich bemerkt?“ Achte gut auf ihren Rat.

> *Meine Antwort ist „nichts“. Das heißt, nichts dem Mann gegenüber.*
>
> *Rufe ihn nicht an. Schreibe ihm keine kleinen Nachrichten mit einem Smiley, einer Blume oder einem Fisch unter*

> *deiner Unterschrift, die du dann in sein Postfach an der Uni wirfst. Pirsche dich nicht in der Versammlungshalle an ihn heran, um ein „Ich muss einfach mit dir sprechen!" hervorzukeuchen. Setze keine Leidensmiene auf, ignoriere ihn nicht, laufe ihm nicht nach, tu ihm nicht einen Gefallen nach dem anderen und sprich nicht vor neun handverlesenen Zuhörern über ihn.*
>
> *Es gibt nur eines, das du tun kannst: Überlasse die ganze Angelegenheit Gott. Wenn er der Mann ist, den Gott für dich hat, wird Gott „kein Gutes vorenthalten denen, die in Lauterkeit wandeln" (Ps. 84, 12). Nutze deine Energien, um gehorsam zu sein, nicht, um den Mann festzunageln. Gott hat seine eigenen Methoden, um euch beide zusammenzubringen. Er braucht weder deine Hilfe noch deinen Rat.*[1]

Beachte das Wort „nichts". Vielleicht wird diese kleine Dosis Realität dir helfen, deine Motive immer zu überprüfen, wenn du mit einem Mann in Kontakt kommst.

Die Überprüfung der Motive

Das soll nicht heißen, dass du einem Mann nichts Gutes tun dürftest, es soll dir nur sagen, dass du deine Motive prüfen musst. Wenn es einer Frau nur um sich selbst geht, arbeitet sie schon die nächste Taktik aus, um die Aufmerksamkeit des Mannes ihrer Träume auf sich zu ziehen. Wenn du wieder einmal etwas unternimmst, um in die Gesellschaft von Männern zu kommen, die noch zu haben sind, und du zuvor noch prüfst, ob dein Haar, dein Make-up und deine Zähne deinen Vorstellungen entsprechen, dann gönne dir bei dieser Gelegenheit auch eine gründliche „Herzensreinigung". Bitte den Herrn, dir jedes unreine Motiv zu offenbaren, das noch in deinem Herzen steckt. Bevor du noch irgendetwas für einen Bruder bäckst oder noch ein Buch oder eine bedeutungsvolle Karte kaufst, überprüfe deine Motive sorgfältig und reagiere ehrlich auf alles, was der Herr dir zeigt. Du kannst dir viele Tränen und viel Frust ersparen, wenn du bereit bist, dein Herz einer regelmäßigen „Motivationskontrolle" zu unterziehen.

Überprüfe deine Motive täglich, um sie rein zu halten. In Sprüche 16, 2 *(GN)* heißt es: „Der Mensch hält alles, was er tut, für richtig; Gott aber prüft die Beweggründe."

Manipulieren und Taktieren kann tödlich sein. Wenn du taktierst, um einen Mann zu bekommen, wirst du taktieren müssen, um ihn zu halten! Das soll nicht heißen, dass man an einer guten Beziehung nicht arbeiten muss, aber es besteht ein großer Unterschied zwischen „arbeiten" und „taktieren". Der Unterschied zwischen den beiden wird deutlich, wenn du dir über deine Motive klar wirst. Eine Mitgliedschaft beim „Verein für Manipulation und Taktieren" sollte für dich nicht in Frage kommen.

Die Jagd aufgeben

Wenn du die Jagd aufgeben und nicht mehr länger „hinter den Jungs her" sein willst, musst du zuerst alles Taktieren und Manipulieren vermeiden. Rut machte es dir vor und Gott kann auch dir die Gnade geben, ohne diese Mittel auszukommen. Glaube daran, dass Gott sich ungeachtet deiner Lebensumstände um dich kümmern wird. Nutze nicht deine eigenen Mittel und Wege. Du kannst nur das Äußere eines Mannes aus deiner heutigen Perspektive sehen. Gott sieht das Herz eines Mannes aus der Perspektive der Ewigkeit. Aus seiner Perspektive kann er wesentlich besser erkennen, was du brauchst. Vertraue ihm und lass dir seine Liebe zeigen, auf die du dich verlassen kannst.

Zweitens musst du deine Sicherheit in Christus finden. Er sehnt sich danach, dass du dich in seiner Liebe sicher fühlst. Er möchte dich beschützen, leiten und lieben. Wenn mehr Sicherheit in dein Leben kommen soll, dann gib dein Herz und deine Gefühle dem Herrn. Debby kann sich an eine besondere Zeit in ihrem Leben erinnern. Damals stellte sie sich vor, wie sie sich in der Gegenwart des Herrn befand. Vor ihrem geistigen Auge tauchte sein liebevolles, väterliches Gesicht auf. Sie stellte sich vor, wie sie ihr zerbrochenes, einsames Herz ihrem himmlischen Vater brachte, nachdem der Traum von der wahren Liebe wieder einmal wie eine Seifenblase geplatzt war. An diesem Tag übergab sie dem Herrn ausdrücklich ihr Liebesleben. Sie betete:

> *Vater, mein Herz ist zerbrechlich und zart und es geht leicht kaputt. Ich habe versucht, jemanden zu finden, dem ich wertvoll bin, ohne deine Einsicht zu haben. Mein Herz ist zerbrochen und meine Gefühle sind verletzt. Ich bitte dich, mein Herz zu nehmen und aufzubewahren. Ich entscheide mich, keine Gedanken und Gefühle der Liebe zuzulassen, die mich dazu bringen, mein Herz voreilig zu verschenken. Ich werde sofort zu dir kommen, wenn ich Verliebtheit aufkommen fühle. Bitte verwahre den Schlüssel zu meinem Herzen und zu meinen Gefühlen bis zu dem Tag, an dem ich ihn dem Mann geben kann, den du für mich vorbereitet hast.*

Debby hat oft darüber gesprochen, was für ein harter Wendepunkt das in ihrem Leben war. Sie wollte dem Herrn in diesem wichtigen Bereich ihres Lebens vertrauen, doch sie hatte das nagende Gefühl, dass sie nie mehr diese schwindelerregenden, herrlichen Empfindungen der Verliebtheit erleben würde. Wenn sie mit Männern ausging, verbrachte sie davor und danach Zeit im Gebet, um sicherzustellen, dass ihr Herz und ihre Gefühle immer noch in der Hand des Vaters waren. Oftmals befürchtete sie, dass sie niemals wieder dieses verliebte Herzklopfen erleben, sondern einfach nur einen der „netten Jungs" heiraten würde, mit denen sie in letzter Zeit ausgegangen war.

Als sie eines Tages betete, wurde ihr klar, dass sie einen Mann namens Bill auf besondere Weise mochte. Sie hatten sich über mehrere Monate getroffen und Debby konnte die Versuchung spüren, ihren Gefühlen freien Lauf zu lassen. Doch sie machte folgenden Eintrag in ihr Tagebuch:

> *Ich habe den Eindruck, dass ich für Bill wirklich tiefe Gefühle hege. Du weißt, was für mich das Beste ist, Vater. Ich habe dir mein Herz und auch meine Gefühle gegeben. Ich werde auf einen deutlicheren Hinweis warten, dass er wirklich mein Traumprinz ist, und mich nicht bloß auf meine Gefühle verlassen. Du wirst nicht erlauben, dass mein Herz wieder gebrochen wird, wenn ich es bei dir*

lasse. Ich vertraue darauf, dass du mich ruhig machst und in die Lage versetzt, auf dein perfektes Timing warten zu können.

Folgenden Satz schrieb sie in ihr Gebetstagebuch, um leichter die Perspektive zu behalten: **Mit Jesus an der ersten Stelle und meinem Freund an der zweiten, werde ich dauerhaft Frieden und Sicherheit haben.**

All das mögen ja gute Gedanken sein, aber wie fängt man damit an? Wenn du Sicherheit in dein Leben bringen möchtest, verbringe Zeit im Wort Gottes. In Sprüche 1, 33 heißt es, dass wir auf Gott hören und in Sicherheit leben sollen. Wenn du das tust, wirst du herausfinden, wie Gott wirklich ist. Du wirst erkennen, welchen Charakter er hat, und nicht auf das angewiesen sein, was du über Gott denkst oder was du über ihn gehört hast. Du wirst überrascht feststellen, dass er dich ganz anders sieht, als du gedacht hast. Lies die Psalmen und schreibe die vielen Verheißungen auf, die Gott dir gegeben hat, wenn du an ihn glaubst. Psalm 16, 11 *(Luther)* sagt: „Du tust mir kund den Weg zum Leben (verheiratet oder nicht): Vor dir ist Freude die Fülle (vor ihm, nicht in der Ehe) und Wonne zu deiner Rechten ewiglich." (Was könnte eine Frau noch mehr wollen?)

Wenn du Zeit in Gottes Wort verbringst, wirst du auch erfahren, was Gott von dir hält. Im 1. Petrusbrief 2, 4 sagt Gott, dass du erwählt und ihm wertvoll bist. In Jesaja 43, 1–6 nennt er dich wertvoll, geehrt, geliebt und seine Erlöste. Jesaja 43, 7 sagt, dass du zu seiner Ehre geschaffen wurdest. Du bist etwas ganz Besonderes für Gott – so besonders, dass er Pläne für dich hat: „Mein Plan ist, euch Heil zu geben und kein Leid. Ich gebe euch Zukunft und Hoffnung" (Jer. 29, 11; *NL)*.

Auch das Neue Testament ist voll von Gottes Gedanken über dich. Du bist angenommen (Röm. 15, 7); es gibt keine Verdammnis für dich (Röm. 8, 1); du bist sein Kind (Joh. 1, 12). (Übrigens: das weibliche Kind eines Königs ist *eine Prinzessin.* Benimm dich wie die kostbare Prinzessin, die du bist, und stelle dich darauf ein, wie eine Angehörige des Königshauses behandelt zu werden.) Du bist auch der Tempel Gottes (1. Kor. 3, 17). Unsere Tüchtigkeit ist von ihm (2. Kor. 3, 5) und er führt dich in seinem Triumphzug (2. Kor. 2, 14). Sein Liebesbrief an dich, die Bibel, ist voll von wunderbaren Dingen, die er über dich sagt.

Lass nicht zu, dass Unsicherheit dich dazu bringt, deine Beziehungen taktisch zu planen oder zu manipulieren. Anstatt einem Ehemann oder einem festen Freund nachzujagen, konzentriere dich besser darauf, eine tüchtige Frau zu werden (Rt. 3, 11). Als eine wirklich sichere Frau kannst du darauf warten, dass dein himmlischer Vater seinen perfekten Plan für dich ausführt.

Ich lerne,
ruhig zu bleiben,
denn Gott wird mich
immer gut leiten.
Meine Zuversicht
ist seine Nähe,
Manipulation,
ich widerstehe.
So kann ich warten
und ganz Gott vertrauen,
auf sein treues Handeln
will ich allein bauen

JMK

Wie man eine wirklich sichere Frau wird

Denke an die Dinge, die dir am wichtigsten sind; die Dinge, für die du den größten Teil deiner Zeit und Energie einsetzt (zum Beispiel dein Aussehen, Geld, Karriere, Familie, Freundschaften, Verabredungen). Welche Auswirkungen hätte es auf dein Leben, wenn dir all das weggenommen würde? Sicherheit bedeutet, dass man sein Leben auf etwas baut, das nicht weggenommen werden kann. Baust du dein Leben auf etwas, das dir Sicherheit gibt oder auf etwas, das dich unsicher zurücklässt?

Ertappst du dich dabei, dass du Situationen taktisch planst, um Freundschaften mit Männern zu schließen? Sprüche 4, 23 ermahnt dich, dein Herz zu bewahren. Überlege dir, wie du reagieren kannst, wenn die Versuchung, eine Verabredung „herbeizumanipulieren", dich überkommt. Halte deine Überlegungen schriftlich fest.

Sinne über Kolosser 3, 1–3 nach. Wie könnten diese Verse dir helfen, wenn du dich das nächste Mal unsicher fühlst und deine Zukunft in deine eigenen Hände nehmen möchtest?

Was kann eine alleinstehende Frau mit ihren Gefühlen während der Wartezeit tun? Übernimm die Liste aus Psalm 37, 3–7.

Bekenne in deinen Tagebuchaufzeichnungen jede Situation, in der du versucht hast, jemanden oder etwas zu manipulieren. Trachte danach, dein Vertrauen auf deinen König zu setzen, und bitte seinen Heiligen Geist um Hilfe.

____

____

____

Wenn du deine Sicherheit im Herrn findest und nicht in einem festen Freund, wie würde dann dein Leben verändert, sollte die Beziehung zu Ende gehen? Könntest du auch für eine Freundschaft dankbar sein, wenn keine Aussicht auf eine gemeinsame Zukunft besteht? Wenn eine Frau in Gottes ewiger Liebe (siehe Hebr. 13, 5) geborgen ist, kann sie ihre Energien in Freundschaften investieren und nicht ausschließlich in Liebesbeziehungen, die auf eine gemeinsame Zukunft abzielen.

____

____

____

8
Eine zufriedene Frau

Du bist gerade von einer tollen Singlefreizeit zurückgekommen, auf der du wieder einmal Gott deine Frustration über deine Situation hingelegt hast und dafür Frieden und Zufriedenheit von ihm empfangen hast. Als du deinen Anrufbeantworter abhörst, erkennst du diese besondere Stimme. Der begehrteste Junggeselle, den du kennst, will sich für nächstes Wochenende mit dir verabreden. Bleibst du ruhig und übergibst deine Erwartungen dem Herrn? Oder springst du zurück ins Auto und rast zum Shoppingcenter, um im Porzellanwarenladen die Liste für den Hochzeitstisch zusammenzustellen und ein paar Brautkleider anzuschauen? Würde die Aussicht auf eine Verabredung mit dem „angesagtesten" Junggesellen der Stadt bei dir ein „präromantisches Stresssyndrom" auslösen? Oder würdest du deine Erwartungen Jesus überlassen?

Wenn eine alleinstehende Frau in einer Welt voller Paare echte Zufriedenheit erleben will, muss sie sich von den Gräben der Unzufriedenheit fernhalten. Sie muss das Geheimnis der Zufriedenheit und deren Macht über die rastlose Qual des Verlangens für sich entdecken.

Die Qual des Verlangens

Man sagt, dass Leiden der Zustand ist, in dem man das hat, was man nicht möchte (das Singledasein), und das möchte, was man nicht hat (einen Ehemann). Als alleinstehende Frau wirst du einer solchen Definition von „Leiden" wahrscheinlich mit einem lauten „Amen" beipflichten. Du weißt, was es bedeutet, jeden Tag in dem Wissen aufzustehen, dass man nicht hat, was man möchte – einen Ehemann. Wie kommst du mit einer solchen Sehnsucht zurecht?

Die Sehnsucht nach dem, was man nicht hat, ist ein weitverbreitetes Phänomen. Sie ist nicht allein den Singles vorbehalten. Es trifft zu, dass die Sehnsucht nach einem Ehemann am Tag deiner Hochzeit gestillt werden kann, aber dieser Sehnsucht werden bald Wünsche und Erwartungen folgen, die in tausend Jahren nicht erfüllt werden könnten. Wenn du heute mit deinem Zustand als alleinstehende Frau unzufrieden bist, kannst du damit rechnen, auch als verheiratete Frau in der Zukunft nicht glücklich zu sein.

Das Geheimnis der Zufriedenheit scheint sich dem Zugriff der alleinstehenden Frau immer wieder entziehen zu wollen. Sie geht davon aus, dass ihre Lebensumstände ihren Zustand rechtfertigen und es ihr erlauben, mit ihrem Schicksal zu hadern. Weil sie nicht gelernt hat, wie man die schreckliche Last des Eigenwillens ablegt, hat sie immer weiter mit der Qual ihres Verlangens zu kämpfen. Ihr Verlangen nach dem, was sie nicht hat, führt zu einer Ruhelosigkeit, die das Warten als unerfüllbare Aufgabe erscheinen lässt. Auf eine unzufriedene Frau kann das Wort „warten" wie ein Schimpfwort wirken. Eine alleinstehende Frau ist in der Lage, auf Gottes Bestes zu warten, wenn ihr Leben auf Zufriedenheit gegründet ist.

Die Fähigkeit, zu warten

Ihre Umstände hätten Rut einen wunderbaren Grund geliefert, unzufrieden zu sein. Sie wurde als junge Frau zur Witwe und ihre Lebensumstände waren die perfekte Brutstätte für Selbstmitleid und Bitterkeit. Ihre Schwiegermutter änderte sogar ihren eigenen Namen von Noomi (angenehm) in Mara (bitter), um auszudrücken, wie unzufrieden sie war. Dennoch beschloss Rut, sich an den Gott Israels zu hängen, den sie auch in schwierigen Umständen für vertrauenswürdig erachtete.

Während sie voller Zuversicht Tag für Tag ihre Aufgaben in Angriff nahm, erhielt sie die Aufmerksamkeit und den Segen des begehrtesten Junggesellen der Stadt. Dann erfuhr sie von Noomi, dass Boas einer der Löser ihrer Familie war (siehe das levitische Gesetz in 5. Mo. 25, 5–10). Das bedeutete, dass das mosaische Gesetz Boas als dem nächsten Verwandten erlaubte, die kinderlose Witwe zu lösen und den Fortbestand des Familiennamens zu sichern. Das Gesetz hätte sogar verlangen können, dass Boas Rut zu seiner Frau nahm. Kannst du dir vorstellen, dir den begehrtesten Junggesellen zu suchen und ihm zu sagen: „Das Gesetz verlangt, dass du mich vor meinem dreißigsten Geburtstag heiratest"?

Noomi weist Rut an, auf Boas zuzugehen und ihn zu fragen, ob er ihr Löser sein wolle. Diese Geschichte wird in Kapitel 3 des Buches Rut erzählt. Die Antwort von Boas auf Ruts Frage ist beachtenswert: „Mach dir keine Sorgen, meine Tochter. Ich werde alles für dich tun, worum du mich bittest, denn jeder in der Stadt weiß, dass du eine anständige Frau bist" (Rt. 3, 11; *NL)*. Kannst du dir vorstellen, dass ein Mann zu dir sagt: „Ich werde alles für dich tun, worum du mich bittest"? Seine Bereitschaft stand in direktem Zusammenhang mit Ruts Charakter, den er in ihrer Art, auf Gott und das Leben zu reagieren, gesehen hatte.

Rut kommt mit der guten Nachricht nach Hause. Doch Noomi nimmt ihre Schwiegertochter nicht gleich ins nächste Einkaufszentrum mit, um nach Hochzeitskleidern zu sehen. Für eine besorgte und unzufriedene Frau wäre ein williger und interessierter Junggeselle Grund genug, Einladungskarten für die Hochzeit zu bestellen. Doch für eine wirklich zufriedene Frau wäre das kaum das passende Verhalten.

Noomis Reaktion auf Boas' Bereitschaft hätte wohl bei den meisten alleinstehenden Frauen das rasende Herzklopfen schnell gebremst. „Da sagte Noomi zu ihr: ‚Warte in Ruhe ab, meine Tochter, bis du erfährst, wie die Sache ausgeht. Der Mann wird nicht ruhen, bis er die Sache noch heute entschieden hat'" (Rt. 3, 18; *NL)*. Wer muss *warten?* Die Frau muss warten. Wer wird nicht ruhen? Der Mann, Boas, wird nicht ruhen.

Warten

Gott gibt uns diese Aufgabe nicht, um uns Leid zuzufügen, sondern um es zu verhindern. Frauen erleben viel unnötigen Schmerz, wenn sie den Plänen Gottes vorauseilen. Noomi wusste, dass es noch einen näheren Verwandten geben könnte, der sie und Rut vielleicht lösen wollte. (Es gab tatsächlich einen näheren Verwandten als Boas, den sie nicht kannte. Doch der kam wegen einer früheren Verpflichtung nicht in Frage.) Noomi wollte verhindern, dass Ruts Herz der Enttäuschung ins Messer lief, sollte die Sache anders ausgehen als erwartet.

Die Gräben der Unzufriedenheit

Das Singledasein kann für eine Frau schwer genug sein, doch wenn sie von einem Mann enttäuscht wird, kann das ihr Herz brechen und sie gefährlich nahe an den Graben der Unzufriedenheit führen. Manche Frauen sind in einen solchen Graben gefallen und haben solche emotionalen Verletzungen davongetragen, dass sie buchstäblich Jahre brauchen, um sich zu erholen und wieder fähig werden, irgendeinem Mann in ihrem Leben zu vertrauen.

Es ist immer noch ein Rätsel, warum manche Männer nicht in der Lage sind, ihr eigenes betrügerisches Potenzial zu erkennen. „Betrügt nie einen anderen Bruder [Schwester], indem ihr ihn übervorteilt, denn der Herr wird jede dieser Sünden vergelten" (1. Thes. 4, 6; *NL)*. Jemanden zu betrügen, heißt, in ihm körperliches oder emotionales Verlangen zu wecken, das nicht rechtens erfüllt werden kann. Da vielen Männern nicht bewusst ist, dass das, was sie tun, ihre Schwestern in Christus aufs Glatteis führt, müssen alleinstehende Frauen über die Alltagssituationen Bescheid wissen, in denen so etwas passieren kann. Wenn einer alleinstehenden Frau diese Vorgänge bewusst sind, kann sie unnötigen Liebeskummer vermeiden und ihre Gefühle besser im Zaum halten.

Wenn ein Mann Unweises äußert oder tut, ist das eine Art, eine Frau aufs Glatteis zu führen. Ein wunderbarer alleinstehender Mann stellte eines Tages die Worte „Mein lieber Sonnenschein" an den Anfang eines Briefes. Als er gefragt wurde, wer dieser „liebe Sonnenschein" denn sei, antwortete er, dass dies sein Spitzname für eine junge Frau am College gewesen sei. Dieser Kosename für sie fiel ihm eines Abends ein, als sie zusammen auf einem Hügel standen und bei Sonnenuntergang über das Schulgelände blickten. Als er weiter gefragt wurde, ob das ein Rendezvous gewesen sei, meinte er: „Oh nein, wir sind nur Freunde und es gibt keine gemeinsame Zukunft für uns." Man legte ihm nahe, sie nicht mehr „Sonnenschein" zu nennen, weil die junge Frau dadurch emotional aufs Glatteis geführt würde. Aber wie vielen anderen Männern fiel es auch ihm schwer, zu verstehen, dass sie davon träumen könnte, nach dem Schulabschluss der „Sonnenschein" seines zukünftigen Lebens zu sein, weil er sie so nannte.

Wenn ein Mann sich an das ungeschriebene Gesetz hält, das durch Hollywoodfilme Verbreitung fand und von großen Teilen der Christenheit übernommen wurde, ist das eine weitere Art, eine Frau in die Irre zu führen. Das Gesetz lautet: Freundschaftliche Beziehungen mit Angehörigen des anderen Geschlechts müssen romantischer Natur sein und den Emotionen dürfen dabei keine Grenzen gesetzt werden. Was Hollywood propagiert, ist so etwas wie Bodysurfen auf dem Kamm einer Gefühlswelle. Grenzen zu setzen, erscheint wie ein Angriff auf die Liebe. Ironischerweise beschützen Grenzen wahre Liebe und bewahren uns davor, in die Irre geführt und verletzt zu werden.

Ken und Jackie beschlossen in der Zeit, in der sie anfingen, miteinander auszugehen, gewisse Richtlinien einzuhalten. Das betraf die Bereiche der Leitung, der Kommunikation und der Reinheit. Ihre Klassenkameraden (auch Christen) dachten, dass ihre Ziele und Richtlinien ihre Freundschaft behindern und zerstören würden. Doch sie straften die landläufige Meinung Lügen. Seit 20 Jahren bauen sie nun schon ihre Beziehung auf diesen Richtlinien auf – und die Romantik blüht und gedeiht.

In einer McDonald's-Werbung ist ein junger Mann zu sehen, der die Bedingungen für sich und seine Begleiterin klärt. Bevor die beiden zum Auto gehen, bemerkt der junge Mann abschließend: „Ich möchte, dass du weißt, dass das hier nur eine unverbindliche Verabredung ist und kein Heiratsantrag." Das Mädchen lächelt, geht zum Auto und beide machen sich auf den Weg zu McDonald's und ins Kino. Vielleicht sind dir diese Worte zu unverblümt, aber so eine klare Aussage verhindert oft, dass eine Frau das, was ein Mann tut, falsch interpretiert und die Situation missversteht.

Es gibt noch eine weitere Art, wie ein Mann eine Frau aufs Glatteis führen kann: indem er das Potenzial der Beziehung betont, es aber vernachlässigt, die gegenwärtigen Möglichkeiten zum Aufbau der Freundschaft zu nutzen. Diese Art der Irreführung weckt in einer Frau Gefühle, denen zu dieser Zeit nicht richtig begegnet werden kann. Das versetzt viele Frauen emotional in Aufruhr und macht es ihnen schwer, gelassen zu bleiben und zu warten. Gespräche über die gemeinsame Zukunft, die Ehe oder Vorstellungen über das zukünftige gemeinsame Zuhause sollten auf einen Zeitpunkt nach der Verlobung verschoben werden. Rege keine Gespräche über das an, was „einmal sein könnte", sondern richte dein Augenmerk eher darauf, Dinge zu sagen und zu tun, die die gegenwärtige Freundschaft stärken.

Das elfte Gebot

Wenn wir uns dieser Gefahren bewusst sind, muss uns auch klar sein, dass eine alleinstehende Frau ihre Zufriedenheit selbst sabotieren kann, indem sie sich selbst betrügt. Eine alleinstehende Frau kann darin genauso gut sein wie ihr männliches Gegenüber. Bewahre deine Zufriedenheit, indem du dich an das „elfte Gebot" hältst: Du sollst dich nicht selbst betrügen.

Frauen betrügen sich selbst, indem sie die „Dienstgemeinschaft" mit der „Ehegemeinschaft" verwechseln. Ein junger Mann versucht vielleicht, einer jungen Frau zu helfen, geistlich zu wachsen, und sie denkt, seine Aufmerksamkeit und sein Interesse müssten unausweichlich zu einer Hochzeit führen. Ein anderer junger Mann und eine junge Frau dienen zusammen in einem Team und sie liest in die geistliche Nähe romantische Absichten hinein.

Derartige Missverständnisse bringen Männer und Frauen auf Kollisionskurs. Es gibt eine Möglichkeit, den Zusammenstoß zu verhindern: Wenn sich eine wirklich zufriedene Frau bewusst macht, dass sich ihre Gefühle den Tatsachen beugen müssen. Tatsache ist, dass es für einen Gläubigen ein Vorrecht ist, gemeinsam zu dienen, das aber nicht automatisch eine Gelegenheit zum Heiraten darstellt. Jeden Tag werden überall auf der Welt die Herzen von Frauen gebrochen, weil sie ihren Gefühlen erlauben, den Tatsachen vorauszueilen. Frauen scheinen ungeachtet ihres Alters eine Abneigung dagegen zu haben, ihre Gefühle unter Kontrolle zu halten. Das Ergebnis: Sie enden als emotionale Krüppel und sind wütend auf die Männer, die es nicht geschafft haben, ihren emotionalen Fantasien gerecht zu werden.

Auch die unschuldigste Geste kann zu äußerst ausgefeilten Fantasievorstellungen führen. Ein Mann schickt einer Frau eine Dankeskarte, weil sie ihm bei einem Projekt oder einem Dienst sehr geholfen hat. Wie reagiert sie auf diese nette Geste? Sie laminiert die Karte, freut sich auf eine gemeinsame Zukunft mit ihm und lässt ihren Wunschvorstellungen freien Lauf.

Seelsorger sind ständig damit beschäftigt, Männern und Frauen dabei zu helfen, die Signale in ihren Beziehungen richtig zu interpretieren. Nancy war schon über ein Jahr in Seelsorge gewesen, weil ihr Herz gebrochen und ihre Gefühle zutiefst verletzt worden waren. Man hatte sie in die Irre geführt. Sie erzählte ihrem Seelsorger, wie sie sich in Bezug auf Beziehungen zu Männern selbst betrogen hatte.

Als neu bekehrte Christin arbeitete Nancy in einem großen Dienst für Singles mit. Sie war äußerst aufmerksam, wenn es darum ging, dem Leiter des Dienstes in den verschiedensten Belangen hilfreich zur Seite zu stehen. Sie erledigte all die Kleinigkeiten, die eine „Mama“ oft für ihren Sohn regelt – oder eine Frau für ihren Freund. Sie kümmerte sich nicht nur um die praktischen Belange. Weil ihr Wachstum im Herrn große Fortschritte machte, war sie auch eine Inspiration für ihn. Als Leiter einer so großen Singlegruppe konnte er immer Hilfe gebrauchen und sie widmete ihm selbstlos jede freie Minute. Wenn er jemanden brauchte, der einer Frau Seelsorge gab, kam er auf sie zurück. Wenn er jemanden brauchte, der einen Redner zum Flughafen fuhr, kam er auf sie zurück. Sie war die 24-Stunden-Notrufnummer, die immer zu seiner Verfügung stand.

Oberflächlich betrachtet sah alles ganz harmlos aus – eine überaus hingegebene junge Christin, die ihren Leiter im Singledienst begeistert unterstützt. Doch der Mangel an Einsicht seitens des Leiters gepaart mit ihrer eigenen geistlichen Unreife stellte sich als tödliche Kombination heraus. Sie verwechselte Dienst- mit Ehegemeinschaft und betrog sich so selbst.

Nachdem sie zu Weihnachten gemeinsam unterwegs gewesen waren und über viele ihrer tiefsten Gefühle gesprochen hatten, fuhr sie für einen Monat nach Israel. Bei ihrer Rückkehr begrüßte er sie mit einer schockierenden Nachricht: Er hatte sich während ihrer Abwesenheit verlobt. Bat er die Frau, die treu an seiner Seite gearbeitet hatte, sein Leben und seinen Dienst mit ihm zu teilen? Nein. Den Heiratsantrag machte er einer süßen, aber weniger engagierten Dame, die die Singlegruppe besuchte. Es erübrigt sich, zu sagen, dass Nancy am Boden zerstört war. Das ist kein Einzelfall. Der Selbstbetrug unter alleinstehenden Frauen scheint epidemische Ausmaße angenommen zu haben.

Wenn du das elfte Gebot befolgen willst, musst du dich bewusst dafür entscheiden, einem Mann in deinem Leben nur dann etwas Gutes zu tun, wenn du das Motiv für deine „selbstlose" Geste kennst. Wie viele Geschenke hast du schon an den einen oder anderen Mann in deinem Leben verteilt, weil du gespürt hast, dass der Kontakt sich zu einer romantischen Beziehung entwickeln könnte? An wie vielen Diensten hast du dich beteiligt, weil du dabei von „ihm" gesehen werden konntest? Wie oft hast du freiwillig einem Bruder geholfen, während du genau wusstest, dass du eine Schwester in Christus nicht so bereitwillig unterstützt hättest?

Die einfachste Art, das elfte Gebot zu brechen, ist, die „Ersatzfrau" oder „Ersatzmutter" im Leben eines Bruders in Christus zu spielen. Du wählst jemanden aus, der deiner Zeit und Aufmerksamkeit würdig ist, und beginnst, unter dem Deckmäntelchen der Selbstlosigkeit seine etwaigen individuellen Bedürfnisse auszuloten und dich darum zu kümmern. Es gibt alleinstehende Frauen, die einem Mann die Wäsche waschen und seine Wohnung putzen, ohne mit ihm auch nur einmal ausgegangen zu sein. Du könntest genauso gut auch sein Auto waschen. Eine solche alleinstehende Frau weiß nicht, dass man die Liebe eines Mannes nicht gewinnt, indem man ihm Gutes tut. Warum? In den meisten Fällen ist er es gewohnt, von einer Frau bedient zu werden. Denke an seine gute alte Mama.

Eine hingegebene Christin sollte zwar Gutes tun, aber wenn du deinen Dienst auf die Männer in deiner Gruppe beschränkst, wird der Schuss letztlich nach hinten losgehen. Am Ende kann es sein, dass dein Selbstbetrug dich selbst verletzt – wenn du erkennst, dass der Mann deine besonderen Dienste für selbstverständlich gehalten hat.

Eine alleinstehende Frau war einen Sommer lang Mitglied einer reisenden Theatergruppe. Sie widmete sich selbstlos einem bestimmten jungen Mann in der Gruppe. Zehn Wochen lang half sie ihm in jeder freien Minute, für sein Examen zu lernen, für das er seitenweise Stoff auswendig können musste. Anfangs waren die anderen Mitglieder der Gruppe von ihrer großen Hilfsbereitschaft wirklich beeindruckt. Doch im Lauf der Zeit wurde es allen – außer dem betreffenden jungen Mann – klar, dass sich ihre Gefühle für ihn von schwesterlicher Liebe in romantische Zuneigung verwandelt hatten. Konnte man jemandem die Schuld für den Schmerz geben, den sie am Ende des Sommers erlebte? Wenn beide mehr Einsicht gehabt hätten, wären sie vielleicht in der Lage gewesen, mit mehr Weisheit an ihre Freundschaft heranzugehen, und die Frau wäre nicht in die Irre geleitet worden.

Als die Tour vorbei war und jeder wieder seines Weges ging, umarmte er sie herzlich und bedankte sich ausdrücklich bei ihr. Dann machte er seine Prüfung und heiratete kurz darauf eine junge Frau aus seiner Gegend. Was geschah mit dem Mädchen, das auf seinem „Dankeschön“ sitzen geblieben war? Sie lernte eine harte Lektion, doch emotional war sie am Boden zerstört. Sie hatte ihr Herz achtlos weggegeben und viele Stunden jemandem gewidmet, von dem sie gehofft hatte, er würde sich erkenntlich zeigen. Doch am Ende stand sie mit leeren Händen da. Was sie noch hatte, war die schmerzvolle Erinnerung daran, viel gegeben und wenig bekommen zu haben. Ihre Motive waren falsch gewesen. Weil sie ihre Gefühle nicht hinterfragte, betrog sie sich schließlich selbst.

Voreheliche Fantasievorstellungen

Eine wichtige Methode, den Selbstbetrug in Grenzen zu halten, ist das tägliche Vorgehen gegen „voreheliche Fantasievorstellungen“. Solche Fantasien können es dir zwar ermöglichen, der monotonen Realität zu entfliehen, aber diese Momente sind gefährlich. Sie erschweren dir deinen Stand im Kampf um deine Zufriedenheit. Sie sind keine unschuldigen Tagträume, sondern Angriffe auf deine Zufriedenheit in Gott. Vielleicht bist du so an diese täglichen Fantasien gewöhnt, dass du es nicht einmal bemerkst, wenn du wieder beginnst, von deinem Prinzen zu träumen.

Oft kann man es eher auf ihre Fantasien als auf ihre frustrierenden Lebensumstände zurückführen, wenn eine Frau mit Unzufriedenheit zu kämpfen hat. Denke bloß einmal einen Augenblick über vier Worte aus dem 2. Korintherbrief 10, 5 *(Schlachter)* nach: „jeden Gedanken gefangennehmen“. Wenn du über eine Zukunft mit einem jungen Mann nachdenkst, den du in der Gemeinde oder bei der Arbeit beobachtet hast, dann sind das deine Gedanken in Aktion. Was solltest du tun, wenn du beginnst, Tagträumen von einem Jungen nachzuhängen, mit dem du noch nie verabredet warst und den du vielleicht noch nicht einmal offiziell kennen gelernt hast? Du musst deine Gedanken zu Jesus bringen und sie in seinen fähigen Händen lassen. Wenn du dich täglich darin übst, deine Fantasievorstellungen zu Jesus zu bringen, legst du damit das Fundament für deine Zukunft als zufriedene Frau – und es spielt keine Rolle ob du verheiratet bist oder nicht. Im Moment sind es nur voreheliche Fantasievorstellungen, aber es könnte sein, dass diese Fantasien über andere Männer auch nach der Hochzeit weitergehen.

Wenn es darum geht, Gedanken „gefangen zu nehmen“, kann ein Mangel an Disziplin in Selbstbetrug und unnötiger Unzufriedenheit enden. Sally hatte diese Disziplin nicht entwickelt und wurde unnötig verletzt. Sie ging als Seelsorgerin auf ein nationales Jugendtreffen und lernte dort einen tollen jungen Christen aus ihrem Heimatstaat kennen. Sie genossen es, in den Seminarpausen miteinander zu plaudern, und als sie wieder zu Hause war, fing er an, Ferngespräche mit ihr zu führen. Nach jedem Anruf träumte sie von einer möglichen gemeinsamen Zukunft und erzählte auch ihren Freundinnen davon. Sie machte sich ein paar Gedanken, weil er jünger war als sie, wollte sich aber nicht ihre Fantasievorstellungen von etwas so Unbedeutendem wie diesem Altersunterschied verderben lassen. Nach jedem Ferngespräch erlaubte sie es sich, sich ihre gemeinsame Zukunft in den lebendigsten Farben auszumalen. Dann verwandelten sich ihre Träume in einen Albtraum.

Während einem ihrer wundervollen Gespräche bat er sie um einen Gefallen: „Würde es dir etwas ausmachen, wenn ich dich in den Osterferien besuche?“ Für sie klang das nach einem wunderbaren Vorschlag, doch dann kam der zweite Teil seiner Bitte. „Würde es dir etwas ausmachen, wenn ich zwei Leute mitbringe?“ Sie ging davon aus, dass er zwei Jungs meinte, die er in der Jüngerschaft unterwies, aber zu ihrer Überraschung waren ihre Namen nicht Bill und John, sondern Sarah und Becky. Nachdem sie sich wieder gefasst hatte, sagte sie ihm ganz höflich, dass die Sache so nicht funktionieren würde. Als sie den Hörer auflegte, war sie wütend und fühlte sich betrogen. Offensichtlich hatte er geplant, ihre Wohnung (drei Häuserblocks vom Strand entfernt) für seine Urlaubszwecke zu nutzen. Der junge Mann mag sich ihr gegenüber unsensibel verhalten haben, aber ihr Schmerz hatte sich vervielfacht, weil sie die vorangegangenen Tage und Nächte damit verbracht hatte, ihren Träumen von einer möglichen Beziehung nachzuhängen. Ihre Wut und ihr Schmerz wären nicht so groß gewesen, hätte sie in Bezug auf ihre vorehelichen Fantasievorstellungen über diesen Jungen etwas Disziplin geübt.

Zu oft tragen auch die eigenen Freundinnen dazu bei, dass man voreheliche Fantasievorstellungen entwickelt. Nach nur einer Verabredung mit einem interessanten Mann bespricht die junge Frau alle Einzelheiten des Abends mit ihren Freundinnen, die sich dann nicht darauf beschränken, sich einfach mit ihr zu freuen. Fragen wie „Denkst du, dass er der Richtige ist? Könnte er der Boas sein, auf den du schon so lange wartest?“, leisten übermäßigen Fantasien auch noch Vorschub. Wir brauchen nicht nur die nötige Disziplin, um unsere Fantasien im Griff zu haben, wir brauchen auch Freunde, die uns daran erinnern, Gottes Zeitplan nicht vorauszueilen. Für eine alleinstehende christliche Frau ist es überaus hilfreich, wenn sie auf ihre Gefühle achtet und ihren Freundinnen diesbezüglich Rede und Antwort steht.

Geistliche Hilfen

Wenn eine Freundin dich anruft, um dir begeistert von dem Abend zu erzählen, den sie gerade mit einem bestimmten Mann verbracht hat, weißt du oft schon im zweiten Absatz der Geschichte, wohin sie unterwegs ist – ins Land der Fantasie. Wenn sie damit anfängt, dass er ein Freund von früher ist, der sich erst kürzlich bekehrt hat und plötzlich wieder in ihr Leben getreten ist, sei vorsichtig. Es wäre leicht, ein „Vielleicht ist dein Boas ja endlich aufgetaucht" einzuwerfen, während sie ihre Erzählung mit überhöhter Geschwindigkeit fortsetzt, aber das solltest du nicht tun. Erinnere dich an die weise Noomi und vermeide es, deine Freundin aufs Glatteis zu führen. Wenn deine Begeisterung dazu beiträgt, dass eine Freundin sich falsche Hoffnungen in Bezug auf eine Situation macht, die nächsten Monat schon wieder völlig anders aussehen kann, dann hast du ihr dabei geholfen, sich selbst zu betrügen. Du kannst ihr helfen, auf ihre Gefühle zu achten, indem du sie zum Beispiel darauf hinweist, dass ein längeres Ferngespräch mit einem Freund noch kein Grund ist, ihn ihren Eltern vorzustellen. Ermutige deine Freundin stattdessen, abzuwarten, wie sich die Freundschaft entwickeln wird.

Es mag sein, dass deine Hilfe beim Achtgeben auf ihre Gefühle anfangs nicht geschätzt wird, doch deine Fürsorge wird gute Frucht bringen. Das soll nicht heißen, dass du dich nicht mit einer Freundin über ein wunderbares Treffen mit einem gläubigen Mann freuen darfst. Aber wenn du eine Freundin ermutigst, der Beziehung nicht durch voreheliche Fantasien vorzugreifen, ist das ein weit wertvolleres Geschenk, als einfach nur an ihrer Begeisterung teilzuhaben. Es sind schon viele Tränen über Beziehungen vergossen worden, die sich ausschließlich in den Träumen der Betreffenden abgespielt haben.

An einem Abend, an dem eine christliche Gruppe junger Frauen zusammen ausging, erzählte eine alleinstehende Frau, dass sie früher die geistliche Hilfe ihrer Mutter in Bezug auf ihre Fantasievorstellungen abgelehnt hatte. Sie hasste die kühle und reservierte Art, auf die ihre Mutter auf ihre dramatische Darstellung der Verabredung reagierte, die sie mit dem Mann ihrer Träume gehabt hatte. Ihre Mutter war eine lebhafte Frau, doch sie schien zurückhaltend und sogar ein bisschen zynisch auf das „Geplapper" ihrer Tochter über „den Richtigen" zu reagieren. Wie konnte eine so extrovertierte, positive und ermutigende Mutter so reserviert sein, wenn ihre Tochter mit verträumten Augen davon erzählte, dass der Mann, für den es sich zu warten gelohnt hat, endlich gekommen war? Hatte die Mutter Zugang zu Informationen, die der Tochter unbekannt waren? Hatte sie einen Detektiv damit beauftragt, dem Mann der Träume ihrer Tochter zu folgen, um belastendes Material zu finden? Natürlich nicht! Diese Mutter war – wie Noomi – so weise, ihre eigene Reaktion unter Kontrolle zu halten. Ihre Tochter sollte nicht von einer Vorstellung von einem zukünftigen Ehemann begeistert und hingerissen sein, die sich so vielleicht nie erfüllen würde.

Wie schön, von einer weisen Mutter zu hören, die ihrer Tochter half, sich nicht selbst zu betrügen. Zu oft richten Mütter ihre Aufmerksamkeit unbedarft auf die Mangelerscheinungen, unter denen ihre Töchter in Bezug auf Verabredungen leiden. Statt die Tochter zu ermutigen, ihre freie Zeit für Jesus einzusetzen (um zum Beispiel eine eifrige Frau zu werden), analysiert die Mutter gemeinsam mit ihrer Tochter immer wieder die Fakten der „Verabredungslosigkeit", und beide machen sich auf den Weg zum Einkaufszentrum, um das Gefühl der Leere zu betäuben. Nicht jeder ist mit einer Mutter gesegnet, die als geistliche Hilfe wirkt. Doch wir können von diesem Beispiel lernen und können geistliche Hilfen für die alleinstehenden Frauen in unserem Umfeld sein.

Wie kannst du eine solche geistliche Hilfe werden? Wenn das nächste Mal eine Freundin vor Begeisterung übersprudelt, nachdem sie eine Verabredung mit einem wunderbaren jungen Mann hatte, bete dafür, dich mit ihr freuen zu können. Dann bete um den Mut, ihr die Wahrheit zu sagen: dass sie ihre Träume dem Herrn anvertrauen muss und ihm nicht mit ihren Erwartungen vorauseilen darf. Jemand, der anderen so helfen möchte, weiß, wie wichtig es ist, die eigenen Erwartungen dem Einzigen zu übergeben, dem man seine Wünsche und Träume wirklich anvertrauen kann. Sie kann andere ermutigen, ihre vorehelichen Fantasievorstellungen gegen die Wahrheit in Psalm 62, 6 *(Luther)* einzutauschen: „Aber sei nur stille zu Gott, meine Seele, denn er ist meine Hoffnung."

Hast du gehofft, dass du zum jetzigen Zeitpunkt verheiratet sein würdest? Oder hast du gehofft, für immer verheiratet zu bleiben – und bist nun geschieden? Diese Hoffnungen bedeuten, dass du Gottes liebevolle Fürsorge und die Ermutigung einer geistlichen Hilfsperson brauchst, die dich regelmäßig daran erinnert, dem Herrn nicht vorauszueilen, wenn es um deine Beziehung zu Männern geht.

Zwei Frauen nahmen die Herausforderung an, ihrer besten Freundin, die eine Verabredung mit „dem großartigsten Mann der Welt" hatte, so zu helfen. Die beiden Freundinnen mussten sich ständig vorsehen, um das Feuer der Begeisterung ihrer Freundin nicht noch anzufachen. Sie achteten auf ihre Reaktionen und beschränkten sich in ihren Kommentaren auf die Fakten, nicht auf hoffnungsvolle Fantasien. Weil diese alleinstehende Frau schon eine ganze Weile auf ihren Boas gewartet hatte, wäre sie sehr anfällig dafür gewesen, auf die kleinste Aufmerksamkeit übermäßig zu reagieren. Doch weil ihre besten Freundinnen auf ihre eigenen Worte achteten und der Versuchung widerstanden, unablässig darüber zu reden, dass die beiden das perfekte Paar abgäben, hatte sie die Freiheit, richtig auf ihren Freund zu reagieren. Unüberlegtes Gerede kann dazu führen, dass Menschen gehörig aufs Glatteis geführt werden.

Ironischerweise werden dieselben engen Freundinnen, die die vorehelichen Fantasievorstellungen unterstützt haben, später die Aufgabe haben, das einsame Vögelchen zu trösten, wenn „der Richtige" mit einer anderen Frau ausgeht und die Sache mit ihm der Geschichte angehört. Die zu bewältigende Enttäuschung steht in direktem Zusammenhang mit dem Ausmaß, in dem mit vorehelichen Fantasievorstellungen auf eine Beziehung reagiert wurde, die nur mehr in der Erinnerung existiert. Wenn dir das nächste

Mal eine Freundin die Einzelheiten eines Abends mit einem tollen Mann schildert, dann reagiere nicht zu sehr darauf. Stattdessen kannst du zu ihr sagen: „Ich finde es großartig, dass du so einen schönen Abend gehabt hast. Ich freue mich, dass du mich an deiner Begeisterung Anteil haben lässt. Doch du solltest dir selbst einen Gefallen tun: Bevor du heute Abend die Augen schließt, um zu träumen, übergib diesen tollen Mann im Gebet Jesus." Damit wirst du dich als wahre Freundin erweisen und ihr wirklich helfen.

Tausendmal
hast du umsonst geweint,
gedankenlos
hatten sie dir zugejubelt.

Dein Prinz,
er sei endlich da,
doch in Wirklichkeit,
war er nicht einmal nah.

JMK

Wenn du keine Freundin hast, die dir so zur Seite steht, bitte den Herrn, dass er dir hilft, eine solche Freundin zu finden.

Das Geheimnis der Zufriedenheit

Ob du verheiratet oder alleinstehend, ob du im Gefängnis sitzt oder im Shoppingcenter unterwegs bist – der Schlüssel dazu, den Augenblick genießen zu können, liegt in deiner inneren Zufriedenheit. Wenn du nur glücklich sein kannst, wenn die Dinge so laufen, wie du es möchtest, bist du schrecklich gefangen. Das wird dazu führen, dass du nur eine sehr oberflächliche Form von Glück erlebst. Das Singledasein ist genauso wenig die Ursache für Unzufriedenheit, wie die Ehe die Ursache für Zufriedenheit ist. Ein Mangel an Zufriedenheit ist das Ergebnis der schrecklichen Last, die wir tragen, wenn wir auf unseren Vorstellungen von Lebensglück bestehen.

Verheiratete Frauen klagen ebenso oft über ihre Unzufriedenheit wie unverheiratete, vielleicht sogar öfter. Beide Gruppen müssen lernen, zufrieden zu sein. Der Apostel Paulus lebte in einem dunklen, feuchten Kerker, als er darüber schrieb, dass das Geheimnis der Zufriedenheit nicht von den Umständen abhängt. Er beschrieb das Geheimnis als einen „Lernprozess", in den er sich bereitwillig hineingab, anstatt sich an den Bedingungen zu stoßen.

> *Ich sage das nicht, weil ich etwa Mangel leide. Denn ich habe gelernt, mich in* **jeder** *Lage zurechtzufinden: Ich weiß Entbehrungen zu ertragen, ich kann im Überfluss leben. In jedes und alles bin ich eingeweiht: in Sattsein und Hungern, Überfluss und Entbehrung. Alles vermag ich durch ihn, der mir Kraft gibt.*
>
> Philipper 4, 11–13 *(EÜ)*

Ob wir nun verheiratet oder alleinstehend sind – wir müssen immer lernen, dass es Jesus ist, der uns die Kraft gibt, sowohl die schrecklichsten Umstände als auch die besten zu durchleben. Wahre Zufriedenheit wird erlernt. Man wird nicht damit geboren und man kann sie auch nicht als Schnäppchen im Supermarkt kaufen. Wenn du lernen willst, zufrieden zu sein, ist dein Alltag das Klassenzimmer. Jeder zerstörte Traum, jede unerfüllte Erwartung dient als perfekte Gelegenheit, Zufriedenheit zu lernen. Diese Umstände sind die „Schulaufgaben", wenn es darum geht, das Geheimnis der Zufriedenheit zu begreifen. Wer lernen will, zufrieden zu sein, muss sich ganz von Jesus abhängig machen, weil schwierige Umstände uns unsere Zufriedenheit rauben werden, wenn wir nicht Gottes Kraft empfangen. Lass dich nicht zu dem Gedanken verleiten, du würdest die Kraft Jesu zwar zur Bewältigung der schlechten, nicht aber für die der guten Umstände brauchen. Wenn die Sonne scheint und keine Wolken zu sehen sind, kannst du davon ausgehen, dass du dich getrost in der Sonne räkeln kannst, ohne an Regen denken zu müssen. Allerdings kann ein solches Gefühl uns leicht anfällig dafür machen, nicht mehr auf Jesus zu achten. „Damit ich nicht, satt geworden, dich verleugne und sage: Wer ist denn der Herr?" (Spr. 30, 9; *EÜ)*

Keine Diskussion mit dem Schiedsrichter

Erkennst du nun, wie wenig sich ein Singledasein voller Angst und Sorge mit einem zufriedenen Leben in Gottesfurcht verträgt? Bist du bereit, die Gräben der Unzufriedenheit hinter dir zu lassen, die dir so viel Frieden und Freude geraubt haben?

Wenn du von einem Mann, einer Freundin oder auch von dir selbst aufs Glatteis geführt worden bist, wird das deine Unzufriedenheit noch vergrößern. Allerdings liegt das nicht darin begründet, dass du in die Irre geleitet worden bist. Nicht einmal deine frustrierenden Umstände sind daran schuld. Die Ursache für deine Unzufriedenheit ist *Stolz*. Man kann „Stolz" als eine übertriebene Vorstellung von dem definieren, was man der eigenen Ansicht nach verdient. Wenn das Leben einer alleinstehenden Frau sich nicht in die gewünschte Richtung entwickelt (Mann, Karriere, Kinder, Haus ...), kommt es oft zu Diskussionen. Mit wem diskutiert eine alleinstehende Frau? Es ist kein anderer als der Schiedsrichter: Jesus! „Und der Friede des Christus regiere [richte, entscheide] in euren Herzen ..." (Kol. 3, 15).

Der Streit mit dem Schiedsrichter beschränkt sich nicht auf die alleinstehende Frau, die gerade am Schlag ist. Jede Frau, die von Eva abstammt, muss lernen, der Entscheidung ihres himmlischen Schiedsrichters zu vertrauen. Von Anfang an bestand das Problem darin, dass die Frau nicht auf den Schiedsrichter hörte, sondern nach einem Leben nach eigenen Vorstellungen strebte. Warum fängt eine Frau an, mit einem allwissenden Schiedsrichter zu diskutieren? „Stolz führt zu Streit" (Spr. 13, 10; *NL).*

Es gibt einen sehr treffenden Vers, der den Kampf in uns allen auf brillante Weise enthüllt. „Woher kommen die Kriege bei euch, woher die Streitigkeiten? Doch nur vom Kampf der Leidenschaften in eurem Innern. Ihr begehrt und erhaltet doch nichts" (Jak. 4, 1–2; *EÜ).* Gehe ehrlich mit allen Problemen um, die dein von Stolz getriebenes Verlangen danach, deinen Willen für dein Leben zu bekommen, dir bereitet. Tausche deinen Stolz gegen die Kraft Jesu ein, damit du jede Entscheidung des Schiedsrichters über dein weiteres Leben annehmen kannst. Eine Verabredung mit einem Mann ist keine Belohnung oder ein Preis, den man bekommt, weil man für Jesus lebt. Ein Freitagabend ohne Verabredung kann ein Abend sein, an dem dir durch einen unendlich weisen Schiedsrichter einiges erspart bleibt.

Bei Gott allein kommt meine Seele zur Ruhe.
Psalm 62, 2 *(EÜ)*

Wie man eine wirklich zufriedene Frau wird

Hast du jemanden, der dir geistlich zur Seite steht? Bist du so jemand (lies Spr. 28, 23 und Hebr. 3, 13)? Hast du Angst davor, diese Rolle im Leben einer Freundin zu übernehmen? Warum?

____

____

____

Gehe die verschiedenen Arten der Irreführung noch einmal durch (lies 1. Thes. 4, 6).

____

____

____

Eine zufriedene Frau verfügt über die Fähigkeit, die schreckliche Last, die daher kommt, dass wir permanent auf unsere Vorstellung von Lebensglück bestehen, abzulegen. Bist du eine zufriedene Frau (lies Ri. 21, 25, Lk. 1, 38 und Mt. 26, 39)?

____

____

____

Stolz ist eine übertriebene Vorstellung dessen, was man glaubt, verdient zu haben. Hast du Probleme damit, dass der Stolz die Kontrolle über deine Wünsche übernimmt (lies Spr. 13, 10 und 16, 18 und 29, 23; Jer. 5, 3 und Jak. 4, 1–2)?

Lässt du dir deine Zufriedenheit von Gedanken wie „Ich bin schon jenseits der 30“ rauben, die dich dann so nervös machen, dass du dir die Nägel beißt? Was schränkt Gott ein, wenn er sich deiner Sache annehmen will (lies Mt. 6, 27, Jes. 30, 18 und 64, 4)?

9

Eine vom Richtigen überzeugte Frau

Cindy war eine vom Richtigen überzeugte Frau. Am Vorabend ihrer Hochzeit schrieb sie das folgende Gedicht für ihren zukünftigen Ehemann:

Mein lieber Schatz,

lange Jahre habe ich gesucht,
um den perfekten Mann zu finden;
doch alles, was mir blieb,
waren zerfetzte Träume, ein gebrochenes Herz,
ein Warten, das mir endlos schien.
Gottes Bestes wollte ich, doch erst
musste er mich lehren,
zu ruhen in seiner liebevollen Hand.

So betete ich eines Abends:
„Gott, du ließest Adam schlafen, bis er bereit war,
‚sie' zu sehen; so lass auch mich
und meine Wünsche ruhen,
bis ich bereit auch bin, zu sehen,
wen du für mich erwählt."

Von dieser Zeit an gab der Herr mir Frieden.
Und auch wenn andre
in mein Leben traten, beschützte er mein Herz
vor immer größerem Schmerz.
Als Gott es wusste, dass mein Herz
in seinen Händen lag,
da brachte er dich in mein Leben –
und meine Vergangenheit war Geschichte.

Für meine Freunde, die mich kennen,
wird der morgige Tag ein Wunder sein.
Sie kennen mich und meine wählerische Art.
Damals, im Studentenheim,
da fragte eine Freundin mich,
was ich von einem Mann erwarte.
Schnell eilte ich, mein Tagebuch zu holen.
Darin die Liste mit den 30 Eigenschaften,
die ich bei „ihm" suchte –
auf die ich auch bestand.

Ich ging sie alle einzeln durch;
die liebe Freundin war erstaunt.
Sie schaute auf die Liste, nickte mit Bedacht:
„Es scheint, als würde Gott allein
in allen Punkten hier entsprechen."
Gott bist du nicht,
doch mein Himmel auf Erden.
Gott hat mein Gebet gehört –
und die vollkommenste Antwort,
die man sich denken kann, bist du.

Keine Fragen bleiben offen,
keine Zweifel regen sich.
Es gibt kein Zögern,
keinen Vorbehalt.

Du bist mein Märchenprinz, mein Ritter,
mein Geschenk von Gott.
Cindy Jordan Feldewerth

Scheint es der Frau von heute zu unrealistisch, nach einem Ritter Ausschau zu halten? War Cindy nichts weiter als eine Idealistin, die das Glück hatte, einen Mann zu finden, der die 30 Charaktereigenschaften auf ihrer Liste mitbrachte? Eine alleinstehende Freundin (eine moderne Rut) schrieb einen Brief, in dem sie zugab, dass sie sich aufgrund ihrer hohen Ideale oft sehr einsam fühlte. Sie sagte: „Ich begegne so oft Frauen, die nicht bereit sind, sich Gottes Standard zuzuwenden und unserer Kultur den Rücken zu kehren, weil ihnen dieser Weg zu beschwerlich und radikal ist." Werden wir kompromissbereit, weil wir ansonsten nicht mehr zu all unseren Freunden passen? Wirkt die Frau aus Sprüche 31 altmodisch? Vielleicht auf die Frau von heute, die sich am Cosmopolitan orientiert, aber nicht auf eine Frau tiefer Überzeugung. Für die, die ihn suchen, hält Gott das Beste bereit.

Rut entschied sich, auf Gottes Bestes zu warten, und wurde in der Folge mit Boas vereint, nicht mit irgendeinem Kerl. Rut heiratete nicht nur einen Mann, der eine „Säule der Kraft" (Boas) war, sie genoss auch den Segen und das Vorrecht, einen Sohn (Obed) auf die Welt zu bringen, der ein Teil der Ahnenreihe Jesu Christi sein sollte. Ihre weisen Entscheidungen versetzten Rut in die Lage, Gottes überwältigende Güte zu erfahren.

Beschädigte Ware

Rut ließ sich von den Einflüssen ihrer früheren heidnischen Kultur nicht davon abhalten, neue Maßstäbe für ihr Leben zu setzen und weise Entscheidungen zu treffen, die Gott ehren sollten. Rut hätte sich entschließen können, im Kreis ihrer alten Familie zu bleiben, die sich auf zerstörerische Weise gegen die Maßstäbe Gottes erhob. Sie hätte ihren gottesfürchtigen Lebensstil an den Nagel hängen und dem Gedanken nachgeben können, sie sei nichts weiter als ein Stück „Gebrauchtware". Aber das tat sie nicht. Stattdessen beschloss sie, den Kreislauf der Sünde in ihrer Familie zu durchbrechen und einen neuen, gottwohlgefälligen Kreislauf in Gang zu setzen.

Nachdem sie Christ geworden war, schämte sich Jackie, weil sie aus einem nicht christlichen Hintergrund kam. Sie sagt:

> *Ich wusste, dass mir meine Vergangenheit vergeben war, aber ich kämpfte oft mit dem Gefühl, gebrauchte Ware zu sein. Ich beneidete andere Mädchen, die aus gläubigen Elternhäusern stammten und ein großartiges geistliches Erbe mitbekamen. Immer, wenn ich einem wunderbaren jungen Christen vorgestellt wurde, dachte ich unweigerlich, dass ich nicht gut genug für ihn sei.*
>
> *Genau so fühlte ich mich, als ich meinem Ehemann zum ersten Mal begegnete. Er hatte Jesus sein Leben im zarten*

Alter von elf Jahren übergeben. Er ging treu zur Gemeinde, er rauchte nicht, trank nicht und machte auf sexuellem Gebiet keine „Dummheiten". Ich war von seinen hohen Maßstäben sehr eingeschüchtert. In all den Jahren, in denen wir befreundet waren, war mir klar, dass ich für ihn wegen meiner unvollkommenen Vergangenheit und meiner ungläubigen Familie niemals in Frage kommen würde. Ich sollte eine Überraschung erleben! Während ich fortgesetzt Entscheidungen traf, die dazu führten, dass meine gottlose Vergangenheit immer mehr an Einfluss verlor, arbeitete der Herr daran, Ken und mich zu seiner Ehre als Team zusammenzubringen. Wie David dachte auch ich: „Wer bin ich, mein Herr und Gott, und was ist mein Haus, dass du mich bis hierher geführt hast?" (2. Sam. 7, 18; EÜ)

Ein gottloser Kreislauf kann unterbrochen werden. Deine Bestimmung ist nicht dem Zufall oder dem Schicksal überlassen, sie ist das Ergebnis weiser Entscheidungen.

Bestimmung – Zufall oder Entscheidung?

Denkst du, du hättest zu hohe Ideale und Maßstäbe? Spürst du den Druck, Kompromisse einzugehen und dich mit einer zweitklassigen Version des Lebens zufriedenzugeben? Die Zeit, in der Rut lebte, war wie unsere moderne westliche Gesellschaft. In Richter 21, 25 wird diese Zeit beschrieben: „In jenen Tagen war kein König in Israel. Jeder tat, was recht war in seinen Augen." Auch wir leben in einer Kultur, in der niemand Gott zu fürchten scheint und die Menschen einfach nur ihr eigenes Ding drehen.

Auch dein Leben wird – wie das Leben Ruts – stark von deinen Entscheidungen beeinflusst. Ihre weisen Entscheidungen versetzten sie in die Lage, den gottlosen Kreislauf in ihrer Familie zu unterbrechen und einen neuen Kreislauf in Gang zu setzen, von dem das Wort Gottes berichtet. Gott hat sich nicht verändert und die Menschen auch nicht. Die hohen Maßstäbe in Gottes Wort sind nicht zu vernachlässigen, du brauchst sie unbedingt, wenn du Gottes Bestes für dein Leben finden willst. Es sind deine Entscheidungen, die deine Bestimmung festlegen, und die sollten eher von deinen Überzeugungen geprägt sein als von zufälligen Ereignissen. Wie weise waren die Entscheidungen, die du in der Vergangenheit in Bezug auf Männer und Verabredungen getroffen hast? Kannst du jetzt sehen, wo du dich falsch entschieden hast, weil es dir an den richtigen Überzeugungen fehlte, wenn es um Liebe, Sex und Verabredungen ging? Deine gegenwärtigen Entscheidungen werden den Rest deines Lebens auf diesem heiklen Gebiet beeinflussen, auf dem es oft zu Konflikten kommt – in der Beziehung zwischen Mann und Frau.

Du kannst ohne die richtigen, biblischen Überzeugungen keine guten Entscheidungen treffen. Überlasse deine Maßstäbe in Bezug auf Beziehung und Verabredungen nicht achtlos dem Zufall. Es hängt zu viel an den Entscheidungen, die du in diesem Bereich triffst. In einer Strophe aus dem Lied *Guard Your Heart* (Bewahre dein Herz) von Jon Mohr geht es um diese Warnung:

Des Menschen Herz ist wankelmütig
Und oft wird es betrogen
Von seinem Gefühl
Wir wagen nicht, das Ende in des Zufalls Hand zu legen
Wir müssen vorher schon entscheiden
Sonst erleben wir den tiefen Schmerz
Einer vermeidbaren Tragödie

Von Anbeginn der Zeit hat Gott seinem Volk genau gezeigt, welchen Weg es einschlagen sollte, um unnötiges Unglück zu vermeiden. Eine Schriftstelle, die klar über die Bedeutung unserer Entscheidungen spricht, was Glück und Unglück anbelangt, ist 5. Mose 30, 15–20. Denke daran, dass die Medien andere Maßstäbe vertreten und Lehrer und Freunde sich oft gegen die gottwohlgefälligen Entscheidungen stellen, die du vielleicht treffen möchtest.

Der Maßstab

Wollen wir uns für einen Moment wieder den Grundlagen zuwenden? Was ist eine Überzeugung und wie kommt man zu biblischen

Überzeugungen? Eine Überzeugung ist ein Maßstab, der als Sprungbrett für deine Entscheidungen dient. Denke darüber nach, woher deine Maßstäbe für Beziehungen und Verabredungen kommen. Basieren deine Maßstäbe eher auf dem, was sich Hollywood unter Liebe und Romantik vorstellt, oder hast du Gottes heiligem Wort erlaubt, deine Sichtweise zu beeinflussen?

Wenn du eine Frau sein möchtest, die fest von dem überzeugt ist, war wahr ist, musst du dem Herrn gestatten, dein Denken täglich zu erneuern. Forsche im Wort Gottes nach Maßstäben, die dich zu dem führen, was Gott an Gutem für dich hat. Als gottesfürchtige Frau hast du damit eine bedeutsame Entscheidung getroffen. Du hast dein Denken auf festen Grund gestellt: Gottes Sicht von Liebe und Romantik. Die Überzeugungen, zu denen du dann kommst, basieren auf dem Wort Gottes und erlauben es dir, dich nicht deiner weltlichen Umgebung anzupassen. Du beugst dich nicht dem Druck, und das ist biblisch, wie es in Römer 12, 2 *(EÜ)* geschrieben steht: „Gleicht euch nicht dieser Welt an, sondern wandelt euch und erneuert euer Denken, damit ihr prüfen und erkennen könnt, was der Wille Gottes ist: was ihm gefällt, was gut und vollkommen ist." Achte auf die Worte „prüfen" und „erkennen". Deine Überzeugungen (ob sie auf dem, was aus Hollywood kommt, oder auf der Bibel basieren) bestimmen deine Fähigkeit, deine gegenwärtigen und zukünftigen Beziehungen zu prüfen.

Wenn du nach Gottes Maßstab für Liebe, Sex und Verabredungen leben willst, musst du dich auf den unvermeidlichen Widerstand gefasst machen, auf den du stoßen wirst. Wenn du nach deinen Überzeugungen lebst, werden dich viele deiner Freunde für abgehoben halten. Einige deiner Freundinnen werden vielleicht sogar denken, du seist dickköpfig und überheblich. Es ist nicht leicht, mit dem Widerstand der Menschen konfrontiert zu werden, die man liebt, doch der Herr wird dir die Gnade geben, keine Kompromisse einzugehen. Du solltest in der vordersten Reihe marschieren. Durch die Kraft Jesu kannst du fest und unerschütterlich stehen, während du auf das wartest, was Gott für dich bereithält. Eine Frau, die die hohen Ideale des Wortes Gottes nicht teilt, überlässt ihre Entscheidungen dem Zufall. Sie wird eher mit irgendeinem Kerl enden, anstatt einen Boas zu heiraten, weil sie den Mann hinter der „Fassade“ nicht richtig einschätzen kann.

Da sich die meisten biblischen Überzeugungen gegen all das richten, was von Hollywood propagiert wird, gibt es selbst unter Christen nur wenige, die die Maßstäbe der Bibel übernehmen. Die Offenbarung dieser erschreckenden Tatsache zieht sich durch das gesamte Wort Gottes. In Jakobus 4, 4–5 heißt es: „Ihr seid wie untreue Ehefrauen, die nicht erkennen, dass man zum Feind Gottes wird, wenn man die Welt liebt! Jeder, der ein Freund der Welt sein will, macht sich dadurch zum Feind Gottes. Oder denkt ihr, was die Schrift dazu zu sagen hat, sei eine reine Formalität?“ (Phillips; aus dem Englischen übersetzt). Wenn du auf Verabredungen mit bestimmten jungen Männern verzichtest, weil du weißt, dass sie nicht Gottes Maßstäben entsprechen, dann hast du dein Versprechen, dich nicht gegen Gott zu stellen, ernst genommen. Wenn deine Freunde dich unter Druck setzen und sich gegen dich stellen, bitte den Herrn um Kraft, damit es dir wichtiger wird, auf seiner Seite zu bleiben, als dich durch Kompromissbereitschaft auf die Seite seiner Feinde zu stellen.

In Europa setzen Regierungsbehörden die Richtlinien für Nahrungsmittel des täglichen Gebrauchs fest. Fleisch zum Beispiel unterliegt den Landesbestimmungen, wenn es um Güteklasse, Gewicht und Qualität geht. Ist der Mann, mit dem du womöglich den Rest deines Lebens verbringen möchtest, nicht ungleich wichtiger als ein Hacksteak? Wenn man etwas genau betrachten und einschätzen will, ist es mit einem schnellen Blick oder mit einer beiläufigen Begegnung an der „Fleischtheke“ nicht getan. Für eine lebenslange Beziehung müssen die strengsten Richtlinien gelten. Es gibt Männer auf diesem Planeten, die einer solch genauen Betrachtung standhalten und das Prädikat „wartenswert“ verdienen.

Die falschen Typen meiden

Wer genau ist der „falsche Typ“? Der falsche Typ ist ein Mann, dessen äußere Erscheinung nur Fassade ist. Wegen all seiner „Schminke und Verkleidung" ist es schwer, zu sagen, wer er wirklich ist. Was er körperlich, gesellschaftlich und geistlich zu sein scheint, ist nur Theater. Der „falsche Typ" ist ein gefälschter Boas.

Man kann sich einen solchen Komiker vom Leib halten. Deine Maßstäbe und Überzeugungen werden dir helfen, den Unterschied zu erkennen. Im weiteren Verlauf dieses Kapitels wird es vor allem um den echten Boas gehen. Wer sich mit dem Original beschäftigt, wird die Fälschung leichter erkennen.

Bevor ein Mädchen sich auf seine erste Verabredung einlässt, sollte es ein Bewusstsein für die biblische Alternative zur Verabredungskultur Hollywoods entwickelt haben. Um dich auf eine Verabredung vorzubereiten, solltest du deine Motive überprüfen (die im Kapitel über Zufriedenheit behandelt wurden). Gehst du mit diesem Jungen aus, weil du seit Jahren keine Verabredung gehabt hast? Gehst du mit jemandem aus, der vielleicht nicht wirklich Christ ist, weil du denkst, dass eine Verabredung – selbst mit dem falschen Typen – besser ist als gar keine Verabredung? Viele Frauen verbringen Zeit mit Männern, die sich nicht wirklich für sie interessieren. Sie verschwenden lieber einen Abend an einen falschen Typen, als sich einem weiteren einsamen Abend ohne Verabredung zu stellen. Manche Frauen geben sogar ihre biblischen Überzeugungen auf, um sich mit einem bestimmten Mann verabreden zu können. Hast du das Gefühl, dass du deinen Wert als Person von der Anzahl deiner Verabredungen ableitest? Viele alleinstehende Frauen leiden am weltlichen Verabredungssyndrom. Ihr Selbstwert hängt davon ab, wie viele Verabredungen sie im letzten Monat gehabt haben.

Hast du dich öfter mit dem falschen Typen verabredet als mit dem echten Boas? Wenn deine Antwort „ja" ist, kann es sein, dass du höhere Ideale brauchst. Eine junge Frau, die auf der Highschool sehr beliebt war, stellte sich der Herausforderung, eine Reihe biblischer Maßstäbe für Verabredungen aufzulisten und sie in die Praxis umzusetzen. Fünf Jahre lang trug sie eine Kopie dieser Liste in ihrer Handtasche. So verabredete sie sich häufiger mit einem Boas als mit einem falschen Typen, da ihre Überzeugungen ihr halfen, klar zu erkennen, mit welchen Männern sie Umgang und schließlich

Verabredungen hatte. Trägst du Gottes Maßstäbe für Verabredungen in deiner Handtasche und in deinem Herzen?

Eine Studentin der *Auburn University* ging nicht nur mit ihrem Abschlussdiplom, sondern auch mit einer sehr detaillierten Liste der Eigenschaften nach Hause, die ihr zukünftiger Ehemann haben sollte. Prüfe nach, ob ihre Liste Eigenschaften enthält, die auch du bei deinem „Richtigen" suchen würdest:

- Er ist ein vom Geist Gottes geleiteter Christ (lies Eph. 5, 18).
- Jesus ist die Nr. 1 in seinem Leben, nicht nur ein schmückendes Beiwerk (lies Mk. 12, 30).
- Er ist zerbrochen, er weiß, wie man sich völlig auf Jesus verlässt (lies Phil. 4, 13).
- Er hat eine dienende Gesinnung, wo immer er auch ist, er ist für andere da (lies 1. Kor. 4, 2).
- Er motiviert andere, er ist ein Mann mit Vision und die verlorenen Seelen sind ihm ein Anliegen (lies Röm. 10, 14).
- Er hat einen empfindsamen Geist, er erkennt die Bedürfnisse anderer (lies Gal. 6, 2).
- Er versteht, welch überwältigende Verantwortung ein Ehemann für seine Frau trägt (lies Eph. 5, 25–31).
- Er ist demütig genug, um ein Jünger (belehrbar) zu sein, und fähig, andere anzuleiten (lies Mt. 28, 19–20).
- Er ist ein Mann des Gebets, er weiß, dass der Schlüssel zum Erfolg in seiner Stillen Zeit mit Gott liegt (lies Kol. 4, 2).
- Er ist ein Familienmensch, er möchte Kinder haben und sie zur Ehre Gottes richtig erziehen (lies Spr. 22, 6).

Klare Maßstäbe für Verabredungen und Beziehungen werden dich davor bewahren, Kompromisse zu schließen und falsche Entscheidungen zu treffen, die eher auf spontane Gefühlsanwandlungen als auf Gottes Führung zurückgehen. Diese Richtlinien für deine

Verabredungen werden dafür sorgen, dass dein Hauptaugenmerk auf Gott gerichtet bleibt und sich nicht auf den Mann richtet (der damit zu einem Götzen würde). Klare Maßstäbe, verbunden mit der Verpflichtung, einer Schwester in Christus Rede und Antwort zu stehen, werden dir helfen, deinen eigenen Überzeugungen treu zu bleiben. Um dich gegen planlose Begegnungen oder einfach die „KGs" (komische Gefühle) in deinem Herzen zu wappnen, brauchst du verbindliche Maßstäbe, für die du Rede und Antwort stehst.

An dieser Stelle möchten wir einräumen, dass es sehr wohl Gründe dafür gibt, dass sich so viele Frauen zu den falschen Typen hingezogen fühlen. Maßstäbe sind ein wichtiges Thema, aber es mag als eine zu große Vereinfachung erscheinen, sich auf sie zu beschränken. Es ist uns bewusst, dass manche Frauen es schwierig finden, ihre Maßstäbe anzuheben und ihre Verhaltensmuster zu ändern, weil sie sich noch nicht von ihrer Vergangenheit gelöst haben. Es kann sein, dass man sich zu den falschen Typen hingezogen fühlt, weil man Konflikte mit dem Vater, dem Bruder oder einem Exfreund noch nicht aufgearbeitet hat. In diesem Fall schlagen wir ein „Fasten von Verabredungen" vor, eine festgesetzte Zeit, in der du dich auf keine Verabredung einlässt und in der du einige deiner Konflikte aus der Vergangenheit aufarbeiten kannst. Viele alleinstehende Frauen, die sich nicht von ihren alten Verhaltensmustern in Bezug auf Verabredungen lösen konnten, haben diese Methode angewandt. Während dieses Fastens finden sie die Zeit, nach neuen Wegen zu suchen, wie sich Beziehungen und Verabredungen biblisch gestalten lassen.

Wenn du bereits den Herrn gesucht hast, um einen Maßstab für Verabredungen und Beziehungen zu entwickeln, wirst du in der später folgenden Auflistung Bestätigung finden. Wenn du es bisher gewohnt warst, dich wahllos mit Jungen zu verabreden, anstatt eine Auswahl nach biblischen Maßstäben zu treffen, dann solltest du darüber nachdenken, auf weitere Verabredungen so lange zu verzichten, bis du fest zu deinen Überzeugungen stehen kannst. Es steht zu viel auf dem Spiel.

Wenn du einmal gewisse Maßstäbe für Verabredungen festgesetzt und verstanden hast, wie wichtig es ist, deine Motive immer wieder zu überprüfen (indem du täglich deine Herzensregungen dem Herrn bringst), bist du bereit, dir weitere Richtlinien für erfolgreiche Verabredungen und Beziehungen zu überlegen.

Hochzeit in Ketten

„Und hier kommt die Braut, gekleidet ganz in … Ketten!" Was, sollte das nicht „ganz in Weiß" heißen? Das Wort wurde nicht deshalb ausgetauscht, weil die Braut im Begriff wäre, ein Mitglied einer Motorradgang zu heiraten, sondern weil sie die unweise Entscheidung getroffen hat, einen Ungläubigen zum Mann zu nehmen. Die Ketten symbolisieren das, was einen Gläubigen erwartet, der einen Ungläubigen heiratet. Das Wort Gottes spricht klar über eine Partnerschaft mit einem Ungläubigen. Ein Vers, der diesbezüglich oft herangezogen wird, ist 2. Korinther 6, 14–17. Allerdings findet sich für den Wankelmütigen eine noch deutlichere Botschaft im Buch Josua.

> *Wenn ihr euch jedoch von ihm abwendet und Mischehen mit den Überlebenden der Völker, die unter euch verblieben sind, eingeht, dürft ihr sicher sein, dass der Herr, euer Gott, sie nicht mehr weiter aus eurem Land vertreiben wird. Statt dessen werden sie euch zur Schlinge und zum Strick werden, zum ständigen Schmerz in eurer Seite und zum Dorn in euren Augen, bis ihr aus dem guten Land, das der Herr, euer Gott, euch gegeben hat, ausgelöscht sein werdet.*
>
> Josua 23, 12–13 *(NL)*

Es wäre töricht, Gott in diesem Bereich ungehorsam zu sein und einen Ungläubigen zu heiraten.

Wenn eine alleinstehende Frau für längere Zeit ohne Verabredung bleibt, verleitet sie die Einsamkeit dazu, Kompromisse einzugehen. Anstatt sich ausschließlich mit Christen zu verabreden, die im Glauben wachsen, kann sie sich dazu gedrängt fühlen, der Versuchung nachzugeben, sich mit einem Ungläubigen zu treffen. Vielleicht wird sie das Treffen vor sich selber rechtfertigen und sich sagen, dass sie diesem Mann von Jesus erzählen kann. Viele alleinstehende Frauen sind bei einer anfänglich rein „missionarischen Verabredung" mit einem Ungläubigen ihren Gefühlen auf den Leim gegangen. Denke über Folgendes nach: Jeder ungläubige Ehepartner war schon bei der ersten Verabredung ein Ungläubiger. So banal es auch scheinen mag: Jeder Mann, mit dem du eine Verabredung hast, ist ein möglicher Partner. Vermeide es, dich mit Ungläubigen zu verabreden.

Viele Frauen sehnen sich so sehr nach einer Verabredung, dass der einzige Anspruch, den sie an einen Mann stellen, der regelmäßige Gottesdienstbesuch ist. Jeden Sonntag gehen Menschen in den Gottesdienst, die Gott besänftigen wollen oder einem religiösen Drang folgen. Du musst deinen Maßstab höher legen und der Versuchung widerstehen, dich mit einem Mann zu verabreden, der in seiner persönlichen Beziehung zu Christus kein Wachstum erlebt.

Der Mann, auf den es sich zu warten lohnt

Wie würdest du den idealen Mann beschreiben? Eine Gruppe attraktiver Frauen wurde gebeten, den Mann zu beschreiben, auf den es sich zu warten lohnt. Die einstimmige Antwort kam unverzüglich: Er ist ein geistlicher Leiter. Eine Frau erläuterte auf ihre einmalige Art genauer, was sie damit meinte: „Ich möchte einen Mann, der es liebt, so über Jesus zu sprechen, dass seine offenkundige, überfließende Liebe zu ihm zum Ausdruck kommt." Es gibt zu viele Männer, die es vorziehen, eine Minute lang über Jesus und den Rest des Abends über ihr Auto, ihre Arbeit oder ihr neuestes Spielzeug zu reden. Eine Frau sprach über einen Vers, den das Leben des Mannes ihrer Ansicht nach widerspiegeln sollte. Psalm 73, 25 *(NL)*: „Wen habe ich im Himmel außer dir [Jesus]? Du bist mir wichtiger als alles andere auf der Erde." Gibt es solch geistlich gesinnte Männer? Ja, aber sie sind die Ausnahme und nicht die Regel. Man benötigt Geduld, wenn man ihnen begegnen will.

Bevor man über die besonderen Eigenschaften eines Boas nachdenkt, sollte man sich mit gewissen körperlichen Klischees befassen. Ob du bisher nach einem braun gebrannten, blauäugigen Blonden (B.B.B.)

oder einem großen, dunklen Gutaussehenden (G.D.G.) Ausschau gehalten hast, du musst deine Wünsche dem Herrn übergeben. Jeder hat bestimmte Vorlieben. Doch wir müssen eine solche Einstellung an Jesus abgeben. Allzu oft erkennen alleinstehende Frauen den wunderbaren Schatz eines gottesfürchtigen Mannes nicht, weil er nicht in einem B.B.B. oder G.D.G. verpackt ist. Der Herr wird wahrscheinlich nicht von dir verlangen, dass du dich mit einem Mann triffst, der dich körperlich abstößt. Aber du musst offen sein für Männer, die nicht in dein bevorzugtes Schema passen. Es kommt zu oft vor, dass ein Mann zwar dein Auge zufriedenstellt, dein Herz aber leer und immer noch voller Sehnsucht bleibt. Denke daran: In ein paar Jahren kann sich der braun gebrannte, blauäugige Blonde in einen blassen Glatzkopf verwandelt haben, dessen wunderbare Augen hinter einer Zweistärkenbrille hervorschauen.

Eine berühmte Schauspielerin erzählte einem christlichen Psychologen, dass ihre fünf Ehemänner alle äußerlich attraktiv waren (alle waren entweder B.B.B. oder G.D.G.), doch innerlich zum Himmel stanken. Wie viele Frauen fühlen sich, als hätten sie einen Fremden geheiratet, wenn die Flitterwochen vorbei sind? Wie viele Frischverheiratete werden vom Verhalten ihres Partners in den ersten Monaten ihrer Ehe desillusioniert? Die meisten Probleme, um die es in der Eheberatung geht, haben ihre Wurzeln in der Persönlichkeit der Menschen, nicht im Äußeren.

Das Buch Rut vermittelt uns nicht nur die Geschichte einer alleinstehenden Frau, sondern auch das Profil eines wahren Ritters. Ab dem Punkt, an dem Boas zum ersten Mal erwähnt wird, erhalten wir ein Bild davon, welche besonderen Qualitäten einen Boas von einem falschen Typen unterscheiden.

Du möchtest einen Mann um der Eigenschaften willen heiraten, die du bereits in ihm siehst, nicht um derer willen, die du eines Tages in ihm zu sehen hoffst. Der weitverbreitete Fehler besteht darin, einen Partner zu heiraten, von dem man denkt, dass man ihn verändern könne. Da es aber fast unmöglich ist, einen Menschen zu verändern, wirst du gut daran tun, in Bezug auf Verabredungen oder den Aufbau von Freundschaften gewisse Maßstäbe zu setzen.

Du solltest dich auf Männer beschränken, die die nachstehend aufgeführten Eigenschaften besitzen. Eine alleinstehende Frau kann bisweilen einer fürchterlichen Tragödie entgehen, wenn sie bei dem Mann, der vielleicht ihr Partner werden könnte, auf die folgenden Eigenschaften achtet:

Er stellt die Bedürfnisse anderer vor seine eigenen. Dieser Mann nimmt Menschen so an, wie sie sind, und er liebt sie auch dann, wenn seine Liebe nicht erwidert wird. Er wird fortfahren, jemanden zu lieben, weil er sich diesem Menschen verpflichtet hat, und seine Hingabe nicht von seinen Gefühlen abhängig machen.

> *Handelt nicht aus Selbstsucht oder Eitelkeit! Keiner soll sich über den anderen erheben, sondern ihn mehr achten als sich selbst. Verfolgt nicht eure eigenen Interessen, sondern seht auch auf das, was den anderen nützt.*
>
> Philipper 2, 3–4 *(GN)*

Er hat Freude an seiner Beziehung zu Christus. Du musst diesen Mann nicht erst fragen, ob er Christ ist. Die Freude am Herrn ist in seinem Leben sichtbar.

> *Dies habe ich zu euch geredet, damit meine Freude in euch sei und eure Freude völlig werde.*
>
> Johannes 15, 11

Er pflegt gute Beziehungen. Dieser Mann versucht, zu jedem eine gute Beziehung zu haben – zu seinen Freunden genauso wie zu seinen Eltern. Er hört sich unterschiedliche Meinungen an, ohne sich angegriffen zu fühlen. Er hat die Stärke, nicht immer kämpfen zu müssen. Er arbeitet daran, ihm zugefügtes Unrecht zu vergeben, und trachtet danach, seine eigenen Verfehlungen in Ordnung zu bringen. Er hegt keinen Groll.

> *Jagt dem Frieden mit allen nach.*
>
> Hebräer 12, 14

Er rennt Gott nicht voraus. Er ist nicht so erpicht darauf, jemand zu sein, etwas zu tun oder etwas zu haben, dass er nicht auf Gottes Zeitplan warten könnte. Um im Zentrum von Gottes Willen zu bleiben, vermeidet er bewusst impulsive Handlungen.

Sei still dem Herrn und harre auf ihn!

Psalm 37, 7

Er versucht, den praktischen Nöten anderer abzuhelfen. Er ist nicht so mit sich selbst beschäftigt, dass er keine Zeit für die Menschen hat, die ihn brauchen. Er ist am Wohlergehen anderer interessiert und er ist bereit, seine Zeit, sein Geld und seine Energie zu ihrem Wohl einzusetzen.

Seid aber zueinander gütig, mitleidig.

Epheser 4, 32

Er tritt ein für Gerechtigkeit. Er hasst alles, was Gottes heiligem Wesen widerspricht. Wer mit ihm zusammenarbeitet, kennt ihn als unbescholtenen Mann.

Denen aber, die Gutes tun, wird Gott Herrlichkeit, Ehre und Frieden schenken.

Römer 2, 10 *(NL)*

Er übernimmt Verantwortung in den Bereichen, die Gott ihm anvertraut hat. Er setzt die Talente ein, die Gott ihm gegeben hat. Er weiß, dass er mit Jesus jedem Anspruch genügen wird, den Gottes Auftrag an ihn stellt. Er hat kein übermäßiges Selbstvertrauen und schlägt sich auch nicht mit Minderwertigkeitskomplexen herum. Er ist kein Träumer, der sich nur wünscht, dies und jenes zu können, sondern ein eifriger Verwalter seiner Talente. Dieser Mann ist zuverlässig und arbeitet auch an einer schwierigen Aufgabe so lange, bis sie erledigt ist.

Nun erwartet man von einem Menschen, dem ein Amt anvertraut wurde, dass er treu ist.

1. Korinther 4, 2 *(NL)*

Er weiß, wie wichtig Gefühle sind. Manche Frauen fühlen sich vielleicht zu einem Mann hingezogen, der übermäßig viel von ihnen verlangt, weil sie glauben, dass seine Dominanz ihnen Sicherheit bringen wird. Andere Frauen heiraten vielleicht einen Mann mit Fußabstreifermentalität, den sie beherrschen können, doch das unvermeidliche Ende wird sein, dass sie anfangen, seine Schwäche zu hassen. Ein sanfter Mann vereinigt die besten Eigenschaften beider Charaktere in sich. Er ergreift die Initiative, wenn es darum geht, die Führung zu übernehmen, geht aber dennoch sanft mit den Gefühlen anderer um.

> *Zieht nun an als Auserwählte Gottes, als Heilige und Geliebte: herzliches Erbarmen, Güte, Demut, Milde, Langmut.*
>
> Kolosser 3, 12

Er lässt sich nicht versuchen, Kompromisse einzugehen. Dieser Mann hält sich von allem Sinnlichen, Unmoralischen und Unreinen fern. Er unterhält keine Freundschaften, die nur zur Zecherei führen. Er vermeidet es, Dinge zu sagen, die Streit und Eifersucht verursachen. Dieser Mann lässt sich weder von seinen Launen beherrschen noch von seinem Zorn zerstören.

> *Eine aufgebrochene Stadt ohne Mauer, so ist ein Mann ohne Selbstbeherrschung.*
>
> Sprüche 25, 28

Diese Eigenschaften sind keine unrealistischen Ideale. Wenn ein Mann Jesus nachfolgt, dann bringt der Heilige Geist sie in sein Leben hinein. Du kannst diese Liste noch einmal lesen und jeder Eigenschaft eine Frucht des Geistes zuordnen. „Die Frucht des Geistes aber ist: Liebe, Freude, Friede, Langmut, Freundlichkeit, Güte, Treue, Sanftmut, Enthaltsamkeit. Gegen diese ist das Gesetz nicht gerichtet“ (Gal. 5, 22–23).

Keiner der Männer, mit denen du dich verabredest, wird all diese Eigenschaften vollständig entwickelt haben. Wir alle befinden uns in verschiedenen Reifestadien. Ein Mann Gottes ist einer, der daran arbeitet, dem Charakter Christi entsprechend verändert zu werden. Wenn jedoch eine Eigenschaft des Geistes Gottes im Leben eines Mannes gänzlich fehlt, ist Vorsicht geboten. Du musst dir darüber im Klaren sein, dass Charakterschwäche vor der Hochzeit auch nach der Hochzeit bestehen bleibt und große Probleme in der Ehe verursachen wird.

War Boas, Ruts Prinz, der letzte Mann mit gottgefälligem Charakter oder gibt es noch weitere wie ihn? Wir sind davon überzeugt, dass Gott auch heute noch viele Männer wie Boas für seine Töchter vorbereitet. Das bedeutet nicht, dass ein Mann perfekt sein muss, damit du mit ihm ausgehen kannst. Aber es bedeutet sehr wohl, dass er durch die Kraft des Heiligen Geistes dazu befähigt sein muss, Christus ähnlich zu werden – und das, bevor du anfängst, dich mit ihm zu treffen.

Möchtest du einen wahren Ritter heiraten? Dann lege einen hohen Maßstab an. Mit einem Mann verheiratet zu sein, der den Herrn liebt und ihm dienen will, ist eines der größten Vorrechte im Leben. Dafür ist keine Wartezeit zu lang und kein Preis zu hoch. Mache deine Überzeugungen fest und weigere dich, Kompromisse einzugehen, sodass du dich mit Männern treffen würdest, die nicht unter der Leitung des Heiligen Geistes stehen. Diese Maßstäbe werden die Festung deines Herzens bewachen. In Sprüche 4, 23 heißt es: „Mehr als alles, was man sonst bewahrt, behüte dein Herz! Denn in ihm entspringt die Quelle des Lebens."

Wie man eine vom Richtigen überzeugte Frau wird

Schreibe dir auf, welche Voraussetzungen ein Mann mitbringen muss, damit du dich mit ihm verabredest. Gib auch die Bibelstelle an, in der du die entsprechende Eigenschaft gefunden hast. Überlege, warum du gerade diese Voraussetzung gewählt hast.

____

____

____

Worin besteht das Problem, wenn man sich mit einem „guten" Mann trifft, der aber kein Christ ist. Was ist der Unterschied zwischen einem „guten" Mann, der zum Gottesdienst geht, und einem gläubigen Mann, der im Herrn wächst. Welche Auswirkungen hat dieser Unterschied auf die Ehe?

Stelle dir vor, dass das Warten schwer wird und du jemandem begegnest, der dich zwar liebt, aber eine offensichtliche Charakterschwäche aufweist. Was gibst du auf, wenn du ihn heiratest? Lies die einzelnen Charaktereigenschaften im Abschnitt *Ein Mann, auf den es sich zu warten lohnt* noch einmal durch und überlege, was in deiner Ehe zu kurz käme, wenn eine dieser Eigenschaften bei deinem Ehemann und dem Vater deiner Kinder fehlen würde.

Kreuze in der folgenden Liste alle Charaktereigenschaften an, die du nach der Hochzeit bei deinem Mann verändern kannst.

__ Mangelnde Gesprächsbereitschaft (lies Spr. 14, 10)

__ Dominantes Ego (lies Röm. 12, 3)

__ Aufbrausendes Temperament (lies Jak. 1, 19–20)

__ Streitbarkeit (lies Spr. 20, 3)

__ Schwierigkeiten damit, sich zu entschuldigen (lies Eph. 4, 32)

__ Unanständige Ausdrucksweise (lies Eph. 5, 4)

__ Mangelnde Bereitschaft, sich in die Gemeinde einzubringen (lies Hebr. 10, 24–25)

__ Unfähigkeit, eine Arbeitsstelle zu behalten (lies 1. Tim. 5, 8)

__ Eifersucht (lies 1. Kor. 13, 4)

__ Egozentrik (lies 2. Kor. 5, 15)

__ Depression (lies 2. Kor. 4, 16)

__ Mangelnde Bereitschaft, zu geben (lies 2. Kor. 9, 7)

__ Dauerndes „auf Achse sein“ mit den Freunden (lies 1. Kor. 15, 33)

__ Unfähigkeit, den Blick von den falschen Dingen zu lassen (lies 1. Thes. 4, 2–7)

__ Lügen (lies Eph. 4, 25)

__ Unreife (lies Eph. 4, 15)

__ Tendenz zu Arbeitssucht (lies 1. Tim. 6, 7–11)

Was sagt die Bibel über diese Eigenschaften in Bezug auf das Thema der Gottesfurcht?

____

____

____

____

10
Eine geduldige Frau

Janis und Linda waren schon lange Freundinnen und Zimmerkolleginnen. In ihrem Garderobenschrank hingen Brautjungfernkleider in jeder erdenklichen Farbe und in je zwei verschiedenen Größen. „Nun", sagten sie gewöhnlich mit einem Lachen, „wir sind schon bei vielen Hochzeiten von Freundinnen Brautjungfern gewesen, aber wir sind immer noch da und warten auf den Mann, den Gott für jede von uns hat!" Linda fügte oft hinzu: „Wenn ich ganz in Weiß vor den Altar trete, dann möchte ich auf alle Fälle, dass dabei das Lied *Bleibend ist deine Treu* gespielt wird."

Auch wenn wir diese beiden jungen Frauen dafür bewundern, über ihr verlängertes Singledasein scherzen zu können, müssen wir uns fragen, wie eine ältere Frau noch geduldig sein kann, wenn das Warten für sie kein Ende zu nehmen scheint. Selbst für einen jungen Menschen ist Warten nicht leicht und es kann sehr schwierig werden, wenn man älter wird.

Diese beiden eng befreundeten Singles hatten sich entschieden, auf Gottes Bestes zu warten, ob das nun zu einer Ehe führen würde oder nicht. Er zeigte ihnen seine Treue auf ganz besondere Weise. Er ließ innerhalb weniger Wochen für jede von ihnen einen Prinzen auftauchen. Linda und Janis waren voller Freude über die Treue Gottes und nahmen gegenseitig an den Hochzeitsfeierlichkeiten teil. Sie erlebten Gottes Treue in der Ehe wie auch in ihrem Singledasein, weil sie auf sein perfektes Timing für ihre Zukunft gewartet hatten.

War es leicht, zu warten? Hat es sich gelohnt, zu warten? Viele Ehejahre und sechs Kinder später lautet die klare Antwort der beiden Freundinnen: „Preis den Herrn. Ja, es hat sich gelohnt, zu warten!"

Fasse Mut, liebe unverheiratete Freundin. Du stehst mit deinem Warten nicht allein. Du stehst auch nicht allein mit den Gefühlen und den Kämpfen, mit denen du konfrontiert wirst. Viele gottesfürchtige Frauen haben gewartet und gesiegt. Viele Frauen haben die Hoffnung aufgegeben und sind Kompromisse eingegangen. Warte geduldig und erlebe den Sieg, indem du die Zukunft erreichst, die dein Vater für dich geplant hat. Er plant sie immer speziell für jeden persönlich und es lohnt sich, geduldig zu sein, damit man sie entdecken kann.

Rut ist ein wunderbares Beispiel für eine geduldige Frau. Sie ließ sich von ihren Umständen und ihrem Mangel an männlicher Begleitung nicht zur Ungeduld verleiten. Stattdessen konzentrierte sie sich darauf, eine Beziehung zu ihrem himmlischen Vater zu entwickeln, und entschied sich dafür, den Ehemann, den er für passend hielt, aus seiner Hand zu nehmen. Sie wusste, dass ihre „biologische Uhr" tickte, machte sich deshalb aber keine Sorgen über ihre Zukunft. Anstatt sich um einen Mann zu bemühen, konzentrierte sie sich darauf, als Frau ihren Charakter zu bilden. Sie nahm jeden Tag in dem Wissen aus Gottes Hand, dass ihm weder ihre Umstände noch ihr Alter irgendwelche Schranken auferlegen konnten. Sie nutzte die Wartezeit, um zu der Frau zu werden, die sie dem Plan Gottes gemäß sein sollte. Am Ende dieser persönlichen Vorbereitungszeit beschloss Gott, ihr einen Ehemann zu schicken. In Rut 4, 13 sehen wir das Ende ihrer Liebesgeschichte. „So nahm Boas die Rut, und sie wurde seine Frau."

Warum fällt das Warten so schwer?

Wenn Gott treu ist, warum verlieren wir dann so leicht die Geduld? Warum ist es so schwer, zu warten? Warum ist es einfacher, sich mit weniger als Gottes Bestem zu begnügen? Angst ist eine der Hauptursachen, die uns daran hindern, zu warten. Vielleicht hast du Angst, dass deine biologische Uhr abläuft, ohne dass Gott es bemerkt. Vielleicht wächst bei jeder weiteren Hochzeit, zu der du gehst, die Angst, bald keine alleinstehenden Freunde mehr zu haben. Vielleicht denkst du, dass du lieber diesen Typen heiraten solltest, der eigentlich ganz in Ordnung ist und der dir gerade einen Antrag gemacht hat. Schließlich ist er ein ziemlich guter Mann und du hast Angst, keinen anderen mehr zu finden. Möglicherweise fürchtest du dich auch vor der Einsamkeit und davor, ein Leben lang allein zu essen und in eine Gemeinde voller Menschen zu gehen, in der du wieder alleine sitzt.

Angst ist ein innerer Druck. Es gibt auch äußeren Druck. Da ein Mangel an Männern besteht, drängt die Gesellschaft alleinstehende Frauen dazu, sich aktiv um eine Ehe zu bemühen. Deine Eltern möchten Enkelkinder und deine Cousinen fragen dich: „Was ist los mit dir?" Du merkst, dass du nicht mehr zu den Jugendlichen passt, aber du kannst auch nicht wirklich zu den Veranstaltungen für junge Ehepaare gehen (die deine Freunde jetzt besuchen). Wenn dir das noch nicht reicht, können dir die nachfolgenden Statistiken über das Singledasein durchaus den Rest geben:

> *Eine Studie über Eheschließungen in den Vereinigten Staaten zeigte auf: Weiße Frauen mit Hochschulbildung, die Mitte der 50er-Jahre geboren wurden und mit dreißig immer noch ledig sind, haben eine 20-prozentige Chance, zu heiraten. Mit fünfunddreißig fällt dieser Wert auf 5 Prozent. Für Vierzigjährige liegt die Wahrscheinlichkeit, vor den Traualtar zu treten, bei winzigen 2,6 Prozent und ist damit geringer als die, Opfer eines Terroranschlags zu werden.*[1]

Wie ermutigend! Die Welt untergräbt die Zuversicht der alleinstehenden Frau, während der Feind ihre Hoffnungen durch Angst zunichtemacht. Dieser Druck bringt ledige Frauen oft dazu, eher die Initiative zu ergreifen, als geduldig auf Gottes Bestes zu warten.

Die Folgen der Ungeduld

Wenn eine alleinstehende Frau nicht beschließt, Geduld zu üben und auf Gottes Timing zu warten, muss sie mit schwerwiegenden Konsequenzen rechnen. Die Gesellschaft ist voll von herzzerreißenden Beispielen. Einige enden in der Scheidung, andere mit einer emotionalen Trennung, die dazu führt, dass Mann und Frau zwar noch unter demselben Dach leben, aber dennoch getrennte Leben führen. In einigen Fällen leiden Kinder Schaden, weil eine nicht funktionierende Ehe Angst und Unsicherheit verursacht. Die persönliche Einsamkeit und die Verletzungen, die solche Lebensumstände mit sich bringen, führen zu unbeschreiblichem Schmerz. Gott wollte nie, dass eine Frau so leben muss.

Wenn eine Frau auf der Suche nach einem Mann ungeduldig wird, fängt sie manchmal an, ihr „Recht" zu verteidigen, sich mit einem Mann zu treffen, der Gott nicht fürchtet und vielleicht nicht einmal gläubig ist. In Josua 23, 12–14 warnt der Herr sein Volk davor, Ungläubige zu heiraten. Gott weiß, dass ein Ehemann, der ihn nicht fürchtet, dir zum Fangnetz und zur Falle wird, zur Geißel in deinen Flanken und zu Stacheln in deinen Augen. Viele junge Frauen argumentieren, dass sie sich mit einem Ungläubigen ja nur verabreden und ihn nicht heiraten. Aber denke darüber nach: Heiratet in unserer Gesellschaft jemand einen Menschen, mit dem er sich noch nie verabredet hat? Jede Verabredung ist ein potenzieller Partner.

Eine gläubige Ehefrau wird immer leiden, wenn sie mit einem Ungläubigen verheiratet ist. Als Frauen sehnen wir uns danach, als der Mensch erkannt und geliebt zu werden, der wir wirklich sind. Ein Mann, der geistlich tot ist, kann den kostbaren geistlichen Teil deines Wesens – dein Herz – nicht erkennen. Für viele Dinge, die du ihm mitzuteilen versuchst, wird er keine Sicht haben. Er wird dich niemals durch und durch kennen und verstehen.

Sei auf der Hut, wenn du anfängst, zu denken, dass du „verliebt" bist und „einfach nicht ohne ihn leben" kannst. Denke noch einmal nach. Denke an die Einsamkeit, die du empfinden wirst, wenn dein Mann nicht mit dir den Gottesdienst besucht. Denke an den Ärger und die Meinungsverschiedenheiten, die ihr haben werdet, weil er niemals die Tiefe deines geistlichen Bewusstseins und folglich auch deine Überzeugungen nicht verstehen wird. Wenn du nicht jetzt darüber nachdenkst, kann es sein, dass du eines Tages denken wirst: „Früher konnte ich nicht ohne ihn leben, jetzt kann ich kaum noch mit ihm leben." In 2. Korinther 6, 14–15 *(EÜ)* heißt es klar:

„Beugt euch nicht mit Ungläubigen unter das gleiche Joch! Was haben denn Gerechtigkeit und Gesetzwidrigkeit miteinander zu tun? Was haben Licht und Finsternis gemeinsam? Was für ein Einklang herrscht zwischen Christus und Beliar? Was hat ein Gläubiger mit einem Ungläubigen gemeinsam?“

Bitte denke daran, dass es noch schwerwiegendere Konsequenzen gibt als die unglückliche Ehe mit einem Mann, der den Herrn nicht kennt. Wirst du den Schmerz ertragen, deine Kinder möglicherweise tagtäglich von ihrem Vater abgelehnt zu sehen? Wirst du immer noch denken, dass es sich gelohnt hat, wenn du die Einzige bist, die am Sonntagmorgen aufsteht, um eure kostbaren Kinder mit in den Gottesdienst zu nehmen? War es den Kompromiss wirklich wert, wenn deine Kinder zu dir aufschauen und fragen, warum Papa Jesus nicht lieb hat? Sie könnten sogar den Herrn für immer ablehnen, einen falschen Lebensstil wählen und ins Elend stürzen, weil du dich entschieden hast, einen wunderbaren, aber verlorenen Mann zu heiraten. Kinder folgen oft dem Beispiel ihres Vaters – dem guten wie dem schlechten. 2. Mose 34, 7 gibt uns eine Warnung, die wir nicht ignorieren können: „Er … lässt aber den Sünder nicht ungestraft; er verfolgt die Schuld der Väter an den Söhnen und Enkeln, an der dritten und vierten Generation“ *(EÜ)*. Du heiratest nicht nur einen Ehemann, du wählst einen Vater für deine Kinder!

Wenn du heiratest, triffst du damit die Entscheidung zwischen Segen und Fluch, und zwar nicht nur für dich selbst. Du entscheidest auch für die Generationen, die nach dir kommen. Wenn du dich entscheidest, geduldig auf den zu warten, den Gott für dich hat, wirst du mit dem Erbe gesegnet werden, das ein Prinz mitbringt. Wenn du dich aber entscheidest, Gottes Plan eifrig vorauszueilen, und einen Mann heiratest, der sich für Gott nicht interessiert, wirst du das ernten, was seine Lebensart hervorbringt –, aber nicht nur du allein. Das Leben deiner Kinder und Enkelkinder wird dem direkten Einfluss des Mannes, den du heiratest, ausgesetzt sein.

Halte dir die folgenden Schriftstellen vor Augen:

Und alle diese Segnungen werden über dich kommen und werden dich erreichen, wenn du der Stimme des Herrn, deines Gottes, gehorchst.

5. Mose 28, 2

Es wird aber geschehen, wenn du der Stimme des Herrn, deines Gottes, nicht gehorchst, so dass du nicht darauf achtest, all seine Gebote und seine Ordnungen zu tun, die ich dir heute gebiete, dann werden all diese Flüche über dich kommen und dich erreichen.

5. Mose 28, 15

Gott warnte im 5. Buch Mose vor den langfristigen Auswirkungen ihrer Entscheidungen. Heutzutage werden dir andere Völker vielleicht nicht deine Kinder nehmen, aber in unserer gottlosen Generation gibt es viele Gebundenheiten, die sie gefangen halten können.

Deine Söhne und deine Töchter werden einem anderen Volk gegeben, und deine Augen werden es sehen und werden nach ihnen schmachten den ganzen Tag; aber du wirst machtlos sein.

5. Mose 28, 32

Hast du schon einmal in die sehnsüchtigen Augen einer Mutter geschaut, die erleben muss, wie ihr Sohn Drogen nimmt oder ihre Tochter auf der Straße lebt? Alles, was sie tun kann, ist, mit leidvollem Blick zuzusehen.

5. Mose 28, die Verse 2, 15 und 32 zeigen uns, dass Gott sein Volk immer segnen wollte, doch er wird es nicht zwingen, das zu tun, was das Beste ist. Er hat uns in seinem Wort oft ermahnt, zu warten, achtsam zu sein und ihm zu vertrauen. Er wird nicht auf sich warten lassen. Sein liebevolles Herz bittet uns, zuzuhören und zu gehorchen, damit er uns und unsere Lieben, die eines Tages auf uns schauen und uns folgen werden, segnen kann. Die Worte, die er den Kindern Israels in 5. Mose 30, 15–20 gegeben hat, zeigen seine liebevolle Besorgnis um die Entscheidungen, die du triffst.

So wähle das Leben, damit du lebst, du und deine Nachkommen, indem du den Herrn, deinen Gott, liebst und seiner Stimme gehorchst und ihm anhängst!

5. Mose 30, 19–20

Du musst dich dafür entscheiden, geduldig auf Gottes Bestes zu warten. Wenn du in deinem Leben Muster erkennst, die von einem Mangel an Geduld zeugen, entscheide dich hier und jetzt dafür, auf Gottes Bestes zu warten.

Du kannst dafür auch folgendes Gebet sprechen:

> *Herr, du bist mein Gott, voll und ganz. Du weißt alles über mich und du liebst mich mehr, als irgendjemand sonst mich jemals lieben könnte. Du weißt, was ich empfinde und was ich brauche, und du kennst meine Zukunft. Ich bekenne, dass ich gewisse Dinge selbst in die Hand genommen habe. Ich bekenne, dass ich zu ängstlich bin, um dir ganz zu vertrauen. Heute entscheide ich mich dafür, mich ganz auf dich und auf deine Liebe zu mir auszurichten. Heute entscheide ich mich dafür, auf dich und nicht auf meine äußeren Umstände zu schauen, wenn es um meine Zukunft geht. Danke, dass du weißt, wie schwach ich mich fühle, und dass du für mich und in mir stark bist. Ich liebe dich. Ich entscheide mich, dir zu vertrauen.*

Vielleicht musst du dieses oder ein ähnliches Gebet viele Male wiederholen, wenn du Angst verspürst. Doch Psalm 103, 13–14 versichert uns, dass Gott uns versteht und Mitleid mit uns hat:

> *Wie sich ein Vater über Kinder erbarmt, so erbarmt sich der Herr über die, die ihn fürchten. Denn er kennt unser Gebilde, gedenkt, dass wir Staub sind.*
>
> Psalm 103, 13–14

Wie man Geduld entwickelt

Kimmy erzählte, dass sie ihr Leben Jesus gab, als sie Ende zwanzig war. Sie richtete ihr Hauptaugenmerk auf ihn und Geduld kam in ihr Leben. Sie sagte: „Ich erinnere mich daran, dem Herrn gesagt zu haben: ‚Es ist mir egal, ob ich jemals heirate, ich möchte dich nur lieben, dir gefallen und dich kennen.‘ Von da an hatte ich neuen Frieden und neue Kraft. Ich begann, mich in die Jugendarbeit meiner Gemeinde einzubringen und fand Freude daran, anderen zu dienen. Ein Mädchen erzählte mir, dass seine Mutter mich für völlig verrückt hielt, weil ich in meinem Alter meine Zeit mit Jugendlichen verbrachte, anstatt nach einem Ehemann zu suchen."

Kimmy diente dem Herrn jahrelang alleine treu und zufrieden, bis Lynn sie als die Frau erkannte, die Gott für ihn bestimmt hatte. Sie heirateten bald, da sie ihre Wartezeit geduldig genutzt hatten, um sich vorzubereiten. Kimmy sagte: „Gott hat mir nicht alle meine Wünsche erfüllt, als ich Single war. Er hat meine Wünsche verändert und für all meine Bedürfnisse gesorgt –, und zwar besser, als ich es mir je hätte vorstellen können."

Eine ältere alleinstehende Frau, die damit kämpfte, auch in dieser Zeit gottwohlgefällig zu sein, fragte den Herrn unter Tränen, warum er das Auftauchen ihres Traummannes verzögerte. Sie erforschte ihr Herz, weil sie dachte, dass etwas Gravierendes in ihrem Leben verkehrt sein müsse, wenn Gott so viele Jahre brauchte, um aus ihr eine passende Prinzessin für ihren zukünftigen Ritter zu machen. Ihr Selbstbild wurde in Mitleidenschaft gezogen, weil sie sich selbst für die Verzögerung verantwortlich machte. Gott war liebevoll um sie besorgt und gab ihr einen Vers, an dem sie sich festhalten konnte: „Wohne im Land und hüte Treue" (Ps. 37, 3).

Sie verstand nicht wirklich, was all das bedeuten sollte, aber sie beschloss, zu glauben, dass sie dem Herrn nichts verbarg. Sie begann, über die positiven Dinge nachzudenken, die der Herr in seinem Wort über sie sagte, wie zum Beispiel: „Ganz herrlich ist die Königstochter drinnen" (Ps. 45, 14). Das versetzte sie in die Lage, die negativen, verdammenden Gedanken und Gefühle von sich zu weisen. Sie entschied sich dafür, so zu sein, wie Gott sie als alleinstehende Frau haben wollte.

Sie hatte keine Ahnung, dass Gott diese Zeit brauchte, um ihren Boas zu vollenden. Wir Frauen sind nicht die Einzigen, die eine Wartezeit benötigen, um für einen zukünftigen Lebenspartner vorbereitet zu werden. Ihr Ritter war noch nicht lange Christ, und aufgrund seiner geistlichen Unreife wäre er kein geeignetes geistliches Oberhaupt gewesen. Er brauchte noch Zeit, um im Wort Gottes gefestigt zu werden und wahre Freiheit von den Sünden aus seiner Vergangenheit zu erlangen.

Als die beiden sich schließlich vorgestellt wurden, verstand sie, warum sie warten musste. Während sie vor Gott „Treue hütete“, war ihr Ritter damit beschäftigt, ein paar Drachen zu töten und seine Rüstung zu polieren. Gott ließ sie nicht länger warten als notwendig. Sie wollte einen Ritter, doch sie wartete geduldig auf Gott und seinen Zeitplan. Die beiden arbeiten heute zur Ehre Gottes in einem Dienst an Drogen- und Alkoholabhängigen.

Warte geduldig. Vielleicht gibst du Gott damit Zeit, nicht dich, sondern deinen Geliebten vorzubereiten. Lasse deinen himmlischen Vater seine Arbeit gründlich tun, während dein Zukünftiger noch alleine und weniger abgelenkt ist. Dinge, die wir während unserer Zeit als Single aufgearbeitet haben, ersparen uns später unnötigen Stress und Probleme in der Ehe. In Psalm 37, 7 heißt es: „Sei still dem Herrn und harre auf ihn!“ Harre nicht auf einen Mann oder darauf, dass deine Vorstellungen von einer perfekten Zukunft eintreffen, sondern auf Gott. Die Verse 3 bis 5 in Psalm 37 geben einer geduldigen Frau einige großartige Anweisungen, an die sie sich halten kann, um auf ihn zu harren.

Es wird dir auch leichter fallen, geduldig zu warten, wenn du erkennst, dass das Eheleben kein Traum ist, sondern harte Realität. Anstatt einfach nur neidisch zu sein, kannst du die Gesellschaft einer gläubigen verheirateten Frau suchen und sehen, welche Last sie zusätzlich zu tragen hat. Schau auf all die Dinge, die sie nicht tun kann, statt auf die Tatsache, dass sie einen Mann im Haus hat. Du musst verstehen, dass man im wirklichen Leben in der Ehe nicht ständig kommuniziert, täglich Rosen, Küsse und Umarmungen bekommt, im Bett frühstückt und alles eitel Sonnenschein ist. Die Ehe ist ebenso anstrengend wie wunderbar, auch wenn das „Wie“ und „Wann“ nach Gottes Plan laufen. Sie ist gut, aber lass dich nicht dazu verleiten, sie mit dem Himmel zu verwechseln.

Da es keinen perfekten Ehepartner gibt, ist es immer auch mit Tränen verbunden, zu lernen, in Einheit zu leben. Die Ehe an sich ist kein Allheilmittel oder die Antwort auf jedes Bedürfnis deines Herzens. Wenn du sie dennoch dafür hältst, solltest du lieber einfach weiter warten, denn diese Art Ehe gibt es nicht. Obwohl in jeder von uns etwas von einer Romantikerin steckt, musst du in Bezug auf die Ehe realistisch bleiben, andernfalls wäre der Schock zu groß für dich.

Kimmy schrieb weiter: „Auch mein Sinn für Humor half mir dabei, geduldig zu warten. Lache über solche Sprüche wie: ‚Immer nur Brautjungfer, niemals die Braut.' Mache Witze darüber, dass du bald einen Laden für Brautjungfernkleider eröffnest, weil du schon so viele davon hast. Wenn du mit anderen über das Leben als Single redest, tue es auf lustige Weise und verzichte auf den düsteren Unterton."

Tu dich mit anderen alleinstehenden jungen Frauen zusammen und plane gemeinsame Unternehmungen. Sitze am Freitagabend nicht einfach zu Hause herum. Gehe zum Essen aus oder ins Kino, fange an, mit Kindern zu arbeiten, mit jungen Leuten oder älteren Menschen. Es gibt vieles, das du tun kannst, um dich zu beschäftigen und so zu vermeiden, dass du ungeduldig wirst.

Es ist schwer, Geduld zu entwickeln. Schlimmer ist es, wenn man mit der Heirat Gottes Zeitplan vorauseilt. Gott hält sich vielleicht nicht an deinen Zeitplan, aber er hat dein Bestes im Sinn. Eine alleinstehende Frau sagte: „Als Teenager hatte ich mein Leben bereits voll verplant. Ich wollte mit 19 meinen Ehemann kennen lernen, mit 21 heiraten und mit 23 das erste Kind bekommen. Das waren meine, aber offensichtlich nicht Gottes Pläne für mein Leben. Heute bin ich 41, aber ich genieße mein wunderbares Leben als Single."

Du weißt nicht, was der morgige Tag für dich bereithält, aber du weißt, wer ihn für dich bereithält. Du kannst mit dem Psalmisten sagen:

> *Herr! Mein Herz will nicht hoch hinaus, meine Augen sind nicht hochmütig. Ich gehe nicht mit Dingen um, die zu groß und zu wunderbar für mich sind. Habe ich meine Seele nicht beschwichtigt und beruhigt? Wie ein entwöhntes Kind bei seiner Mutter, wie ein entwöhntes Kind ist meine Seele in mir. Harre … [füge hier einfach deinen Namen ein] auf den Herrn, von nun an bis in Ewigkeit!*
>
> Psalm 131

Der Psalmist fand diesen Ruheort, weil er eine Entscheidung getroffen hatte. Seine Seele kam nicht von selbst zur Ruhe. Er traf die Entscheidung, sich zurückzunehmen und seine Seele (seinen Verstand, seinen Willen und seine Gefühle) zur Ruhe zu bringen. Er beschloss, seine Hoffnung auf Gott zu setzen. Versuchst du, dich in Dinge einzumischen, die zu groß für dich sind? Siehst du in das Herz eines Mannes? Kennst du die Zukunft? Du kennst den, der das Herz des Menschen und die Zukunft kennt. Lehne dich an seine Brust und warte geduldig. Er wird dir den Frieden geben, den du brauchst. Diese Art Geduld kommt nicht von ungefähr. Du musst die bewusste Willensentscheidung treffen, Gott zu vertrauen, egal was passiert. Warte geduldig auf sein Bestes.

Jede alleinstehende Frau muss sich an irgendeinem Punkt mit der Tatsache abfinden, dass nicht alle Frauen heiraten. Die Ehe ist keine Notwendigkeit, auch wenn Gott es so eingerichtet hat, dass die Ehe einige der Bedürfnisse erfüllt, die eine Frau haben mag. Es gibt kein Recht auf Ehe, auch wenn Gott die Ehe für die meisten Frauen vorgesehen haben mag. Die Ehe macht einen Menschen nicht vollständig, auch wenn Frauen, die gemäß Gottes Plan verheiratet sind, feststellen, dass die Ehe einige ihrer Schwächen ausgleicht. Wäre die Ehe eine Notwendigkeit, bestünde ein Recht darauf, würde erst sie uns vervollständigen, dann würden alle Frauen, die Jesus nachfolgen, heiraten. Es gibt viele Beispiele für Frauen, die Gott aufrichtig ehrten und keine irdischen Partner hatten, und sie waren geduldige Frauen.

Eine alleinstehende Frau schrieb folgende Zeilen:

> *Wenn man eine geduldige Frau sein will, gehört es meiner Meinung nach dazu, sich der Zukunft ehrlich zu stellen. Für mich bedeutete das, zu erkennen, dass ich vielleicht niemals heiraten würde.*
>
> *Mit dem Gedanken „auf den Herrn zu warten", konnte ich mich anfreunden, aber der Tatsache ins Auge zu sehen, dass er für mich keine Ehe vorgesehen haben könnte, fiel mir überaus schwer. Als ich in meiner Bibel las, stieß ich auf Jesaja 54, 5. Dieser Vers sagte mir, dass ich bereits mit*

ihm verheiratet war. Er war mein Ehemann! Ich war seine Braut. Er wollte, dass ich ihn, meinen Ehemann, kennen lerne. Er wollte, dass ich mich selbst als seine Braut sehe und seine Liebe zu mir erkenne. Er wollte mir ganz persönlich begegnen. So begann ich, mit dem Herrn Jesus als Ehemann an meiner Seite zu leben.

Ich möchte gerne noch heiraten. Ich habe mich wirklich oft nach einem Ehemann gesehnt und sogar unter Tränen für ihn gebetet. Manchmal dachte ich, ich hätte ihn gefunden, doch es endete immer mit einer Enttäuschung. Dennoch wusste ich, dass ich wieder zu meinem „Ehemann" zurückkehren konnte, der mein Verlangen und meinen Schmerz verstand. Er ermutigte mich dann immer, indem er mir seine Liebe noch tiefer zeigte.

Eine andere alleinstehende Frau namens Beverly erstellte folgende Übersicht, um ihr ungeduldiges Herz in den Griff zu bekommen.

Von Beverly Seward Brandon

Warum möchte ich heiraten?	*Wie kann Gott diese Bedürfnisse in meinem Leben erfüllen?*
Ich möchte geliebt werden.	„Mit ewiger Liebe habe ich dich geliebt" (Jer. 31, 3).
Ich möchte von jemandem begehrt werden.	Der König führt mich in seine Gemächer. Jauchzen lasst uns, deiner uns freuen. Mein Geliebter ist ausgezeichnet vor Tausenden (siehe Hl. 1, 4 und 5, 10; *EÜ*).
Ich möchte, dass jemand meine Hand hält.	„Ich halte dich mit der Rechten meiner Gerechtigkeit" (Jes. 41, 10).
Ich möchte angenommen und geschätzt werden.	Ich bin angenommen in dem Geliebten (siehe Eph. 1, 6; *Luther*).

Ich möchte einen Ort, an dem ich mein „Nest“ bauen kann, den ich für mich gestalten und nutzen kann.	Wir können im Schatten des Allmächtigen ruhen (siehe Ps. 91, 1).
Ich möchte Hilfe haben, wenn ich in Not gerate.	„Rufe mich an am Tag der Not; ich will dich retten“ (Ps. 50, 15).
Ich möchte die Freuden und Leiden des Lebens mit einem Menschen teilen (Intimität).	Gott wird mir verborgene Schätze und versteckte Vorräte geben (siehe Jes. 45, 3).
Ich möchte jemanden, der meine Sache erfolgreich vertritt – jemanden, der bereit ist, für mich zu kämpfen.	„Der Herr wird für dich kämpfen“ (2. Mo. 14, 14).
Ich möchte jemanden, der meine Bedürfnisse befriedigt.	Gott befriedigt all meine Bedürfnisse (siehe Phil. 4, 19).
Ich wünsche mir Nähe.	Der Herr ist den Gerechten nahe (siehe Ps. 140, 13).
Ich möchte, dass mir jemand im Alltag zur Seite steht.	Keiner ist wie Gott, der auf den Himmeln einherfährt zu deiner Hilfe (siehe 5. Mo. 33, 26).
Ich möchte sicher und geborgen durchs Leben gehen. Ich möchte die Last des Lebens nicht alleine tragen.	Selbst bis ins hohe Alter wird Gott mich halten, tragen und erretten (siehe Jes. 46, 4).
Ich möchte einen Gefährten für dieses Leben.	Gott lädt uns ein, demütig mit ihm zu gehen (siehe Mi. 6, 8).
Ich möchte Kinder.	Gott gibt uns geistliche Kinder, so zahllos wie Sandkörner, wenn wir in das Leben anderer investieren (siehe Jes. 48, 19).

Diese Aufstellung brachte Beverly dazu, zu sagen: „Der Herr, mein Schöpfer, ist mein Ehemann. Nur er kann die tiefsten Bedürfnisse meines Herzens erfüllen. Kein Mann kann jemals so für mich sorgen, wie Gott es tut. Er ist der, nach dem ich mich sehne. Er allein ist genug."

Was du auch sehen oder fühlen magst – Gott hat die völlige Kontrolle über deine Situation. Du, die alleinstehende Frau, kannst im Sieg leben, indem du beschließt, geduldig zu warten.

Lass dir nicht von deiner Ungeduld und deiner Sehnsucht das Leben rauben, mit dem Gott dich als alleinstehende Frau segnen will. Führe dir vor Augen, dass du nicht unbedingt verheiratet sein musst, um glücklich zu sein oder ein erfülltes Leben zu haben. Wenn du denkst, du hättest ein Recht auf eine Ehe, dann verzichte auf dieses Recht, damit es dich nicht davon abhält, Gottes vollen Segen zu erfahren. Gott weiß, was das Beste für dich ist. Sein Timing ist perfekt und er wird auf dich, auf seine geduldige Frau achtgeben.

Wie man eine geduldige Frau wird

Schreibe auf, bei was du die Geduld verlierst. Was davon beunruhigt Gott, deinen Herrn? Gib ihm deine Anliegen und bitte ihn, dir zu helfen, während deiner Wartezeit das Vertrauen nicht zu verlieren. Das folgende Motto hat sich als hilfreich erwiesen: „Ich werde vertrauensvoll warten, denn Gott kommt nie zu spät."

Lies 5. Mose 28, 1–48. Nimm ein Blatt Papier und schreibe auf einer Seite die Dinge auf, mit denen Gott das Volk Israel als seine Kinder segnen wollte. Auf der anderen Seite kannst du aufschreiben, was er von ihnen verlangte. Was verlangt er von dir?

Lies noch einmal 5. Mose 28, 1–48. Schreibe die Flüche auf, die über das Volk kamen, weil es sich entschlossen hatte, Gott nicht zu gehorchen. Bekenne es als Sünde, wenn du auf irgendeine Art beschlossen hast, Gottes Willen für dein Leben zu missachten.

Lies 5. Mose 30 und schreibe auf, wie einfühlsam Gott zu seinen Kindern sprach und versuchte, ihnen zu helfen, sich für das Beste zu entscheiden. Wie kannst du heute deinen Entschluss bekräftigen, deinem himmlischen Vater treu zu bleiben und geduldig zu warten? Lies die Verse 11–14, an denen du siehst, wie gut er die Gefühle seiner Kinder versteht.

Mache Psalm 27 zu deinem Gebet und lerne diese oder eine andere Schriftstelle auswendig, damit du sie dir in schwierigen Zeiten vorsagen kannst.

Über die Autorinnen

Jackie Kendall ist die Präsidentin von *Power to Grow Ministries* und eine Konferenzsprecherin, die bei Menschen jeden Alters sehr gefragt ist. Ihr Lehrstil ist direkt, humorvoll, heilsam und ermutigend. Jackie wohnt mit ihrem Mann und ihren zwei Kindern in Florida, USA.

Debby Jones ist eine Sprecherin bei *Crossover Communications International* und hatte das Vorrecht, das Wort Gottes in Europa, Lateinamerika und in den Vereinigten Staaten zu verkündigen. Debby wohnt mit ihrem Mann und ihren vier Kindern in Columbia, South Carolina, USA.

Quellenangaben

(Alle Texte wurden aus dem Englischen ins Deutsche übertragen.)

Kapitel 1
Eine Frau, die sich rückhaltlos hingibt

[1] Smith, Kenneth G.: *Learning to be a Woman.* Downers Grove, Illinois: InterVarsity Press, 1972. Rückumschlag.

[2] *Scofield Bibel.* Dübendorf: Missionswerk Mitternachtsruf, sechste Auflage 2007. S. 52, Kommentar zu 1. Mose 35, 19.

[3] Tozer, A. W.: *Man: the Dwelling Place of God.* Camp Hill, Pennsylvania: WingSpread Publishers, WORDsearch, 1966, revised edition 1997. Kap. 16.

[4] Elliot, Elisabeth: *Loneliness.* Nashville, Tennessee: Oliver Nelson, 1988. S. 16.

[5] Tozer, A. W.: *The Pursuit of God.* Camp Hill, Pennsylvania: Christian Publishing Inc., 1982. S. 29.

[6] Zitiert in Elliot, Elisabeth: *A Chance to Die.* Old Tappan, New Jersey: Fleming H. Revell Company, 1987. S. 117.

Kapitel 2
Eine eifrige Frau

[1] Fischer, John: „A Single Person's Identity". In: Discovery Papers, Catalog No. 3154, August 5, 1973. S. 3.

[2] Elliot, Elisabeth: *A Chance to Die.* Old Tappan, New Jersey: Fleming H. Revell Company, 1987. S. 117.

[3] Stanley, Charles F.: *Handle With Prayer.* Wheaton, Illinois: Victory Books, 1982. S. 15.

[4] Foster, Richard J.: *Celebration of Discipline.* San Francisco, Californien: Harper & Row, Publishers, 1978. S. 117.

Kapitel 3
Eine Frau voller Glauben

[1] Aus: *USA Today*, 10. April 1990. S. 4.

[2] Elliot, Elisabeth: *A Chance to Die.* Old Tappan, New Jersey: Fleming H. Revell Company, 1987. S. 117.

[3] Elliot, Elisabeth: *Passion and Purity.* Old Tappan, New Jersey: Fleming H. Revell Company, 1984. S. 59–60.

Kapitel 5
Eine hingegebene Frau

[1] Tozer, A. W.: *The Root of the Righteous.* Camp Hill, Pennsylvania: Christian Publishing Inc., 1985. S. 5.

[2] Ebd.

[3] Vine, W. E.: *Vine's New Testament Dictionary of New Testament Words.* S. 639.

Kapitel 6
Eine reine Frau

[1] Joseph, Nadine: „The New Rules of Courtship". In: Newsweek Magazine, Special Edition, Summer/Fall, 1990, S. 27.

[2] Author E. Cundall/Leon Morris: *Judges and Ruth, an Introduction and Commentary.* Downers Grove, Illinois: InterVarsity Press, 1968. S. 287.

[3] Stanford, Tim: „The Best of Sex". In: Campus Life Magazine, February, 1992, S. 25–26.

[4] Ebd.

Kapitel 7
Eine sichere Frau

[1] Elliot, Elisabeth: *Passion and Purity.* Old Tappan, New Jersey: Fleming H. Revell Company, 1984. S. 59–60.

Kapitel 10
Eine geduldige Frau

[1] Salholz, Eloise: „Too Late for Prince Charming?". In: *Newsweek Magazine*, June 2, 1986.

Bibliografie

EÜ:
Einheitsübersetzung. Stuttgart: Katholische Bibelanstalt GmbH © 1980.

GN:
Die Gute Nachricht. 2., durchgesehene Auflage. Stuttgart: Deutsche Bibelgesellschaft 1982.

Hfa:
Hoffnung für alle. Basel: Brunnen Verlag. © 1986, 1996, 2002 International Bible Society.

Luther:
Lutherbibel. Bibeltext in der revidierten Fassung von 1984. Stuttgart: Deutsche Bibelgesellschaft 1999.

Menge:
Die Heilige Schrift – Übers. von Hermann Menge. 14. Auflage © 1949, 1994. Stuttgart: Deutsche Bibelgesellschaft, 2003.

NL:
Neues Leben. Holzgerlingen: Hänssler Verlag © 2002.

Phillips:
J. B. Phillips Translation of the New Testament. William Collins, Sons and Co Ltd., Ausgabe 1962.

Schlachter:
Schlachter Übersetzung – Version 2000. 1. Auflage © der Genfer Bibelgesellschaft. Bielefeld: CLV 2004.

Hervorhebungen grundsätzlich durch den Autor.

Hat dir dieses Buch gefallen? Es ist unsere Vision als Verlag, Bücher herauszubringen, die dir ganz praktisch im Leben als Christ weiterhelfen. Falls du mehr über unsere Arbeit erfahren möchtest, schicken wir dir gerne einen Katalog zu. Oder besuche uns doch einfach im Internet, dort kannst du auch fast alle anderen in Deutschland erhältlichen christlichen Bücher bestellen und findest darüber hinaus weitere Informationen und aktuelle Angebote. Schau doch einfach einmal vorbei.

Wie soll mein Prinz / Mann sein?

- Musiker
- Outdoor, I love it ♥
- Gefestigt in Jesus
- Zuvorkommend
- Höflich
- Liebevoll
- Stark
- Mutig
- Sensibel
- Visionärstyp
- Hilfsbereit
- Geduldig
- konfliktfähig
- größer wie ich
- romantisch
- witzig
- fröhlich
- spontan u. flexibel
- sollte Kinder mögen

- etwas längere Haare (nicht zu lang!)
- gepflegtes Äußeres
- Duftmensch :-))
- Vorangeher für Jesus
- Braune Haare ette.
- Schöne Augen – Ausdrucksstark
- männliche und große schöne Hände
- nicht zu dick & dünn
- Wiedergeboren
- Jesus lieben
- Jesus folgen